は　し　が　き

　平成 30 年 3 月に告示された高等学校学習指導要領が，令和 4 年度から年次進行で本格的に実施されます。

　今回の学習指導要領では，各教科等の目標及び内容が，育成を目指す資質・能力の三つの柱（「知識及び技能」，「思考力，判断力，表現力等」，「学びに向かう力，人間性等」）に沿って再整理され，各教科等でどのような資質・能力の育成を目指すのかが明確化されました。これにより，教師が「子供たちにどのような力が身に付いたか」という学習の成果を的確に捉え，主体的・対話的で深い学びの視点からの授業改善を図る，いわゆる「指導と評価の一体化」が実現されやすくなることが期待されます。

　また，子供たちや学校，地域の実態を適切に把握した上で教育課程を編成し，学校全体で教育活動の質の向上を図る「カリキュラム・マネジメント」についても明文化されました。カリキュラム・マネジメントの一側面として，「教育課程の実施状況を評価してその改善を図っていくこと」がありますが，このためには，教育課程を編成・実施し，学習評価を行い，学習評価を基に教育課程の改善・充実を図るというＰＤＣＡサイクルを確立することが重要です。このことも，まさに「指導と評価の一体化」のための取組と言えます。

　このように，「指導と評価の一体化」の必要性は，今回の学習指導要領において，より一層明確なものとなりました。そこで，国立教育政策研究所教育課程研究センターでは，「幼稚園，小学校，中学校，高等学校及び特別支援学校の学習指導要領等の改善及び必要な方策等について（答申）」（平成 28 年 12 月 21 日中央教育審議会）をはじめ，「児童生徒の学習評価の在り方について（報告）」（平成 31 年 1 月 21 日中央教育審議会初等中等教育分科会教育課程部会）や「小学校，中学校，高等学校及び特別支援学校等における児童生徒の学習評価及び指導要録の改善等について」（平成 31 年 3 月 29 日付初等中等教育局長通知）を踏まえ，令和 2 年 3 月に公表した小・中学校版に続き，高等学校版の「『指導と評価の一体化』のための学習評価に関する参考資料」を作成しました。

　本資料では，学習評価の基本的な考え方や，各教科等における評価規準の作成及び評価の実施等について解説しているほか，各教科等別に単元や題材に基づく学習評価について事例を紹介しています。各学校においては，本資料や各教育委員会等が示す学習評価に関する資料などを参考としながら，学習評価を含むカリキュラム・マネジメントを円滑に進めていただくことで，「指導と評価の一体化」を実現し，子供たちに未来の創り手となるために必要な資質・能力が育まれることを期待します。

　最後に，本資料の作成に御協力くださった方々に心から感謝の意を表します。

　令和 3 年 8 月

国 立 教 育 政 策 研 究 所
教育課程研究センター長
鈴 木 　敏 之

学習評価とは？

学習評価：学校での教育活動に関し、生徒の学習状況を評価するもの

学習評価を通して

- 教師が指導の改善を図る
- 生徒が自らの学習を振り返って次の学習に向かうことができるようにする

⇒評価を教育課程の改善に役立てる

学習評価の現状について、学校や教師の状況によっては、以下のような課題があることが指摘されている。

- 学期末や学年末などの事後での評価に終始してしまうことが多く、評価の結果が児童生徒の具体的な学習改善につながっていない
- 現行の「関心・意欲・態度」の観点について、挙手の回数や毎時間ノートをとっているかなど、性格や行動面の傾向が一時的に表出された場面を捉える評価であるような誤解が払拭し切れていない
- 教師によって評価の方針が異なり、学習改善につなげにくい
- 教師が評価のための記録に労力を割かれて、指導に注力できない
- 相当な労力をかけて記述した指導要録が、次の学年や学校段階において十分に活用されていない

先生によって観点の重みが違うんです。授業態度をとても重視する先生もいるし、テストだけで判断する先生もいる。そうすると、どう努力していけばよいのか本当に分かりにくいんです。

生徒の意見

（中央教育審議会初等中等教育分科会教育課程部会児童生徒の学習評価に関するワーキンググループ第7回における高等学校三年の意見より）

カリキュラム・マネジメントの一環としての指導と評価
「主体的・対話的で深い学び」の視点からの授業改善と評価

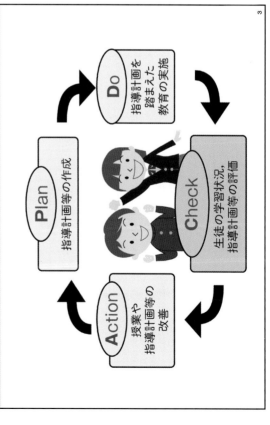

- Plan　指導計画等の作成
- Do　指導計画を踏まえた教育の実施
- Check　生徒の学習状況、指導計画等の評価
- Action　授業や指導計画等の改善

各教科等の「目標」「内容」の記述を、「知識及び技能」「思考力、判断力、表現力等」「学びに向かう力、人間性等」の資質・能力の3つの柱で再整理。

平成21年告示高等学校学習指導要領

国語
第1款　目標
国語を適切に表現し的確に理解する能力を育成し、伝え合う力を高めるとともに、思考力や想像力を伸ばし、心情を豊かにし、言語感覚を磨き、言語文化に対する関心を深め、国語を尊重してその向上を図る態度を育てる。

例えば、国語科では

平成30年告示高等学校学習指導要領

国語
第1款　目標
言葉による見方・考え方を働かせ、言語活動を通して、国語で正確に理解し適切に表現する資質・能力を次のとおり育成することを目指す。
(1) 生涯にわたる社会生活に必要な国語について、その特質を理解し適切に使うことができるようにする。【知識及び技能】
(2) 生涯にわたる社会生活における他者との関わりの中で伝え合う力を高め、思考力や想像力を伸ばす。【思考力、判断力、表現力等】
(3) 言葉のもつ価値への認識を深めるとともに、言語感覚を磨き、我が国の言語文化の担い手としての自覚をもち、生涯にわたり国語を尊重してその能力の向上を図る態度を養う。【学びに向かう力、人間性等】

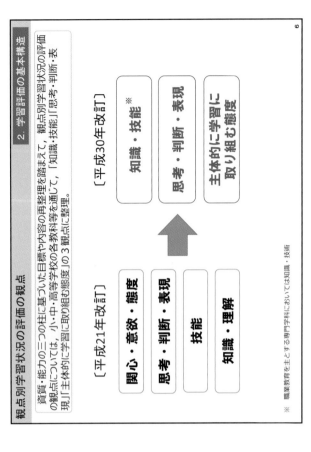

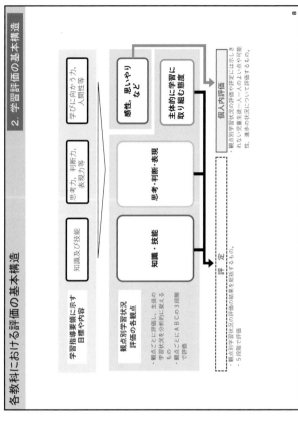

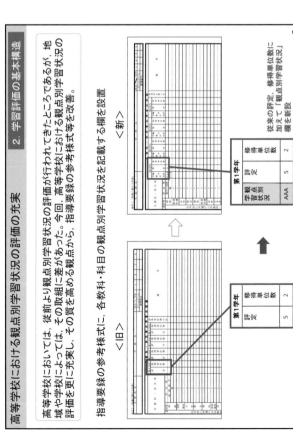

次のような工夫が考えられる

- 授業において

  それぞれの教科等の特質に応じ、観察・実験をしたり、式やグラフで表現したりするなど学習した技能を用いる場面を設け評価

- ペーパーテストにおいて

  事実的な知識の習得を問う問題と知識の概念的な理解を問う問題とのバランスに配慮して出題し評価

次のような工夫が考えられる

- ペーパーテストにおいて、出題の仕方を工夫して評価
- 論述やレポートを課して評価
- 発表やグループでの話合いなどの場面で評価
- 作品の制作などにおいて多様な表現活動を設け、ポートフォリオを活用して出題し評価

学びに向かう力、人間性等

① 観点別学習状況の評価にはなじまない部分（感性、思いやり等）

⑦ 「主体的に学習に取り組む態度」として観点別学習状況の評価を通じて見取ることができる部分

個人内評価（生徒一人一人のよい点や可能性、進歩の状況について評価するもの）等を通じて見取る。

※ 特に感性や思いやりなど生徒一人一人のよい点や可能性、進歩の状況などについては、積極的に評価し生徒に伝えることが重要。

知識及び技能を獲得したり、思考力、判断力、表現力等を身に付けたりすることに向けた粘り強い取組の中で、自らの学習を調整しようとしているかどうかを含めて評価する。

「学びに向かう力、人間性等」には、⑦主体的に学習に取り組む態度として観点別学習状況の評価を通じて見取ることができる部分と、①観点別学習状況の評価や評定にはなじまない部分がある。

「主体的に学習に取り組む態度」の評価のイメージ

② 自らの学習を調整しようとする側面

① 粘り強い取組を行おうとする側面

「十分満足できる」状況(A)

「おおむね満足できる」状況(B)

「努力を要する」状況(C)

○主体的に学習に取り組む態度の評価については、①知識及び技能を獲得したり、思考力、判断力、表現力等を身に付けたりすることに向けた粘り強い取組を行おうとする側面と、②粘り強い取組を行う中で、自らの学習を調整しようとする側面、という二つの側面から評価することが求められる。

○これらの①②の姿は実際の教科等の学びの中で相互に関わり合いながら立ち現れるものと考えられる。例えば粘り強さを持たず自らの学習を調整しようとせず粘り強く取り組み続ける姿や、粘り強い取組を行うが自らの学習を調整することが全くない中で自らの学習を調整する姿は一般的ではない。

「主体的に学習に取り組む態度」の評価については、①知識及び技能を獲得したり、思考力、判断力、表現力等を身に付けたりすることに向けた粘り強い取組の中で、②自らの学習を調整しようとしているかどうかを含めて評価する。

観点別評価の進め方

「主体的に学習に取り組む態度」の評価

● 「自らの学習を調整しようとする側面」について

自らの学習状況を振り返って把握し、学習の進め方について試行錯誤する（微調整を繰り返す）などの意思的な側面

指導において次のような工夫も大切

■ 生徒が自らの理解状況を振り返ることができるような発問を工夫したり指示したりする

■ 内容のまとまりの中で、話し合ったり他の生徒との協働を通して自らの考えを相対化するような場面を設ける

◎ ここでの評価は、生徒の学習の調整が「適切に行われているか」を必ずしも判断するものではない。
学習の調整が適切に行われていない場合には、教師の指導が求められる。

13

観点別評価の進め方

- 「内容のまとまり」ごとの評価規準を作成する
- 単元（題材）の目標を作成する
- 単元（題材）の評価規準を作成する
- 指導と評価の計画を立てる
- 授業（指導と評価）を行う
- 評価の総括を行う

総括に用いる評価の記録については、場面を精選する

※ 職業教育を主とする専門学科においては、学習指導要領の規定から、「指導項目」ごとの評価規準」とする。

14

評価の方針等の生徒との共有

学習評価の妥当性や信頼性を高めるとともに、生徒自身に学習の見通しをもたせるため、学習評価の方針を事前に生徒と共有する場面を必要に応じて設ける。

観点別学習状況の評価を行う場面の精選

観点別学習状況の評価に係る記録は、毎回の授業ではなく、単元や題材などの内容や時間のまとまりごとに行うことなど、評価場面を適切に精選する。

※日々の授業における生徒の学習状況を適宜把握して指導の改善に生かすことに重点を置くことが重要。

外部試験や検定等の学習評価への利用

外部試験や検定等（高校生のための学びの基礎診断の認定を受けた測定ツールなど）の結果を、指導や評価の改善につなげることも重要。

※外部試験や検定等は、学習指導要領の目標に準拠したものでない場合や内容を網羅的に扱うものでない場合があることから、教師が行う学習評価の補完材料である（外部試験等の結果そのものをもって教師の評価に代えることは適切ではない）ことに十分留意が必要であること。

15

教師の勤務負担軽減を図りながら学習評価の妥当性や信頼性が高められるよう、

学校全体としての組織的かつ計画的な取組

学校全体としての組織的かつ計画的な取組を行うことが重要。

※例えば以下の取組が考えられる。

・教師同士での評価規準や評価方法の検討、明確化
・実践事例の蓄積・共有
・評価結果の検討等を通じた教師の力量の向上
・校内組織（学年会や教科等部会）の活用

16

目次

　・　高等学校理科における「内容のまとまりごとの評価規準（例）」
　・　高等学校理科における「単元（中項目）ごとの評価基準（例）」
　・　評価規準，評価方法等の工夫改善に関する調査研究について（令和2年4月13日，国立教育政
　　　策研究所長裁定）
　・　評価規準，評価方法等の工夫改善に関する調査研究協力者
　・　学習指導要領等関係資料について
　・　学習評価の在り方ハンドブック（高等学校編）
　※本冊子については，改訂後の常用漢字表（平成22年11月30日内閣告示）に基づいて表記してい
　　ます（学習指導要領及び初等中等教育局長通知等の引用部分を除く）。

〔巻頭資料（スライド）について〕

　巻頭資料（スライド）は，学習評価に関する基本事項を簡潔にまとめたものです。巻頭資料の記載に目を通し概略を把握することで，本編の内容を読み進める上での一助となることや，各自治体や各学校における研修等で使用する資料の参考となることを想定しています。記載内容は最小限の情報になっているので，詳細については，本編を御参照ください。

第1編

総説

第1編　総説

本編においては，以下の資料について，それぞれ略称を用いることとする。

> 答申：「幼稚園，小学校，中学校，高等学校及び特別支援学校の学習指導要領等の改善
> 　　　　及び必要な方策等について（答申）」　平成28年12月21日　中央教育審議会
> 報告：「児童生徒の学習評価の在り方について（報告）」　平成31年1月21日　中央教
> 　　　　育審議会　初等中等教育分科会　教育課程部会
> 改善等通知：「小学校，中学校，高等学校及び特別支援学校等における児童生徒の学習
> 　　　　評価及び指導要録の改善等について（通知）」　平成31年3月29日　初等中等
> 　　　　教育局長通知

第1章　平成30年の高等学校学習指導要領改訂を踏まえた学習評価の改善

1　はじめに

　学習評価は，学校における教育活動に関し，生徒の学習状況を評価するものである。答申にもあるとおり，生徒の学習状況を的確に捉え，教師が指導の改善を図るとともに，生徒が自らの学びを振り返って次の学びに向かうことができるようにするためには，学習評価の在り方が極めて重要である。

　各教科等の評価については，「観点別学習状況の評価」と「評定」が学習指導要領に定める目標に準拠した評価として実施するものとされている[1]。観点別学習状況の評価とは，学校における生徒の学習状況を，複数の観点から，それぞれの観点ごとに分析的に捉える評価のことである。生徒が各教科等での学習において，どの観点で望ましい学習状況が認められ，どの観点に課題が認められるかを明らかにすることにより，具体的な指導や学習の改善に生かすことを可能とするものである。各学校において目標に準拠した観点別学習状況の評価を行うに当たっては，観点ごとに評価規準を定める必要がある。評価規準とは，観点別学習状況の評価を的確に行うため，学習指導要領に示す目標の実現の状況を判断するよりどころを表現したものである。本参考資料は，観点別学習状況の評価を実施する際に必要となる評価規準等，学習評価を行うに当たって参考となる情報をまとめたものである。

　以下，文部省指導資料から，評価規準について解説した部分を参考として引用する。

---

[1] 各教科の評価については，観点別学習状況の評価と，これらを総括的に捉える「評定」の両方について実施するものとされており，観点別学習状況の評価や評定には示しきれない生徒の一人一人のよい点や可能性，進歩の状況については，「個人内評価」として実施するものとされている（P.6〜11に後述）。

（参考）評価規準の設定（抄）

（文部省「小学校教育課程一般指導資料」（平成5年9月）より）

　新しい指導要録（平成3年改訂）では，観点別学習状況の評価が効果的に行われるようにするために，「各観点ごとに学年ごとの評価規準を設定するなどの工夫を行うこと」と示されています。

　これまでの指導要録においても，観点別学習状況の評価を適切に行うため，「観点の趣旨を学年別に具体化することなどについて工夫を加えることが望ましいこと」とされており，教育委員会や学校では目標の達成の度合いを判断するための基準や尺度などの設定について研究が行われてきました。

　しかし，それらは，ともすれば知識・理解の評価が中心になりがちであり，また「目標を十分達成（＋）」，「目標をおおむね達成（空欄）」及び「達成が不十分（－）」ごとに詳細にわたって設定され，結果としてそれを単に数量的に処理することに陥りがちであったとの指摘がありました。

　今回の改訂においては，学習指導要領が目指す学力観に立った教育の実践に役立つようにすることを改訂方針の一つとして掲げ，各教科の目標に照らしてその実現の状況を評価する観点別学習状況を各教科の学習の評価の基本に据えることとしました。したがって，評価の観点についても，学習指導要領に示す目標との関連を密にして設けられています。

　このように，学習指導要領が目指す学力観に立つ教育と指導要録における評価とは一体のものであるとの考え方に立って，各教科の目標の実現の状況を「関心・意欲・態度」，「思考・判断・表現」，「技能・表現（または技能）」及び「知識・理解」の観点ごとに適切に評価するため，「評価規準を設定する」ことを明確に示しているものです。

　「評価規準」という用語については，先に述べたように，新しい学力観に立って子供たちが自ら獲得し身に付けた資質や能力の質的な面，すなわち，学習指導要領の目標に基づく幅のある資質や能力の育成の実現状況の評価を目指すという意味から用いたものです。

2　平成30年の高等学校学習指導要領改訂を踏まえた学習評価の意義
（1）学習評価の充実

　平成30年に改訂された高等学校学習指導要領総則においては，学習評価の充実について新たに項目が置かれている。具体的には，学習評価の目的等について以下のように示し，単元や題材など内容や時間のまとまりを見通しながら，生徒の主体的・対話的で深い学びの実現に向けた授業改善を行うと同時に，評価の場面や方法を工夫して，学習の過程や成果を評価することを示し，授業の改善と評価の改善を両輪として行っていくことの必要性が明示されている。

> ・生徒のよい点や進歩の状況などを積極的に評価し，学習したことの意義や価値を実感できるようにすること。また，各教科・科目等の目標の実現に向けた学習状況を把握する観点から，単元や題材など内容や時間のまとまりを見通しながら評価の場面や方法を工夫して，学習の過程や成果を評価し，指導の改善や学習意欲の向上を図り，資質・能力の育成に生かすようにすること。
> ・創意工夫の中で学習評価の妥当性や信頼性が高められるよう，組織的かつ計画的な取組を推進するとともに，学年や学校段階を越えて生徒の学習の成果が円滑に接続されるように工夫すること。

（高等学校学習指導要領 第1章 総則 第3款 教育課程の実施と学習評価 2 学習評価の充実）

　報告では現状の学習評価の課題として，学校や教師の状況によっては，学期末や学年末などの事後での評価に終始してしまうことが多く，評価の結果が生徒の具体的な学習改善につながっていないなどの指摘があるとしている。このため，学習評価の充実に当たっては，いわゆる評価のための評価に終わることのないよう指導と評価の一体化を図り，学習の成果だけでなく，学習の過程を一層重視し，生徒が自分自身の目標や課題をもって学習を進めていけるように評価を行うことが大切である。

　また，報告においては，教師によって学習評価の方針が異なり，生徒が学習改善につなげにくいといった現状の課題も指摘されている。平成29年度文部科学省委託調査「学習指導と学習評価に対する意識調査」（以下「平成29年度文科省意識調査」）では，学習評価への取組状況について，「Ａ：校内で評価方法や評価規準を共有したり，授業研究を行ったりして，学習評価の改善に，学校全体で取り組んでいる」「Ｂ：評価規準の改善，評価方法の研究などは，教員個人に任されている」の二つのうちどちらに近いか尋ねたところ，高等学校では「Ｂ」又は「どちらかと言うとＢ」が約55％を占めている。このような現状を踏まえ，特に高等学校においては，学習評価の妥当性や信頼性を高め，授業改善や組織運営の改善に向けた学校教育全体の取組に位置付ける観点から，組織的かつ計画的に取り組むようにすることが必要である。

（2）カリキュラム・マネジメントの一環としての指導と評価

　各学校における教育活動の多くは，学習指導要領等に従い生徒や地域の実態を踏まえて編成された教育課程の下，指導計画に基づく授業（学習指導）として展開される。各学校では，生徒の学習状況を評価し，その結果を生徒の学習や教師による指導の改善や学校全体としての教育課程の改善等に生かし，学校全体として組織的かつ計画的に教育活動の質の向上を図っていくことが必要である。このように，「学習指導」と「学習評価」は学校の教育活動の根幹に当たり，教育課程に基づいて組織的かつ計画的に教育活動の質の向上を図る「カリキュラム・マネジメント」の中核的な役割を担っているのである。

（3）主体的・対話的で深い学びの視点からの授業改善と評価

指導と評価の一体化を図るためには，生徒一人一人の学習の成立を促すための評価という視点を一層重視し，教師が自らの指導のねらいに応じて授業での生徒の学びを振り返り，学習や指導の改善に生かしていくことが大切である。すなわち，平成30年に改訂された高等学校学習指導要領で重視している「主体的・対話的で深い学び」の視点からの授業改善を通して各教科等における資質・能力を確実に育成する上で，学習評価は重要な役割を担っている。

（4）学習評価の改善の基本的な方向性

（1）～（3）で述べたとおり，学習指導要領改訂の趣旨を実現するためには，学習評価の在り方が極めて重要であり，すなわち，学習評価を真に意味のあるものとし，指導と評価の一体化を実現することがますます求められている。

このため，報告では，以下のように学習評価の改善の基本的な方向性が示された。

① 児童生徒の学習改善につながるものにしていくこと

② 教師の指導改善につながるものにしていくこと

③ これまで慣行として行われてきたことでも，必要性・妥当性が認められないものは見直していくこと

3　平成30年の高等学校学習指導要領改訂を受けた評価の観点の整理

平成30年改訂学習指導要領においては，知・徳・体にわたる「生きる力」を生徒に育むために「何のために学ぶのか」という各教科等を学ぶ意義を共有しながら，授業の創意工夫や教科書等の教材の改善を促すため，全ての教科・科目等の目標及び内容を「知識及び技能」，「思考力，判断力，表現力等」，「学びに向かう力，人間性等」の育成を目指す資質・能力の三つの柱で再整理した（図1参照）。知・徳・体のバランスのとれた「生きる力」を育むことを目指すに当たっては，各教科・科目等の指導を通してどのような資質・能力の育成を目指すのかを明確にしながら教育活動の充実を図ること，その際には，生徒の発達の段階や特性を踏まえ，三つの柱に沿った資質・能力の育成がバランスよく実現できるよう留意する必要がある。

図1

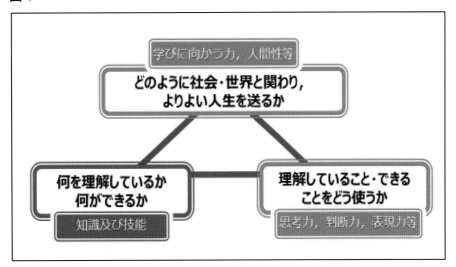

　観点別学習状況の評価については，こうした教育目標や内容の再整理を踏まえて，小・中・高等学校の各教科を通じて，4観点から3観点に整理された（図2参照）。

図2

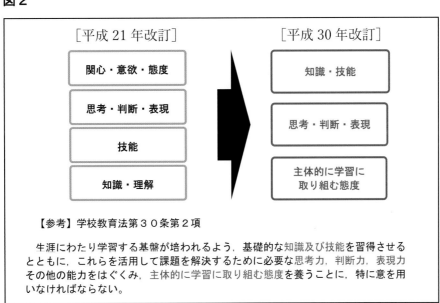

4　平成30年の高等学校学習指導要領改訂における各教科・科目の学習評価

　各教科・科目の学習評価においては，平成30年改訂においても，学習状況を分析的に捉える「観点別学習状況の評価」と，これらを総括的に捉える「評定」の両方について，学習指導要領に定める目標に準拠した評価として実施するものとされた。

　同時に，答申では「観点別学習状況の評価」について，高等学校では，知識量のみを問うペーパーテストの結果や，特定の活動の結果などのみに偏重した評価が行われているのではないかとの懸念も示されており，指導要録の様式の改善などを通じて評価の観点を明確にし，観点別学習状況の評価を更に普及させていく必要があるとされた。報告ではこの点について，以下のとおり示されている。

【高等学校における観点別学習状況の評価の扱いについて】

○　高等学校においては，従前より観点別学習状況の評価が行われてきたところであるが，地域や学校によっては，その取組に差があり，形骸化している場合があるとの指摘もある。「平成29年度文科省意識調査」では，高等学校が指導要録に観点別学習状況の評価を記録している割合は，13.3%にとどまる。そのため，高等学校における観点別学習状況の評価を更に充実し，その質を高める観点から，今後国が発出する学習評価及び指導要録の改善等に係る通知の「高等学校及び特別支援学校高等部の指導要録に記載する事項等」において，観点別学習状況の評価に係る説明を充実するとともに，指導要録の参考様式に記載欄を設けることとする。

　これを踏まえ，改善等通知においては，高等学校生徒指導要録に新たに観点別学習状況の評価の記載欄を設けることとした上で，以下のように示されている。

【高等学校生徒指導要録】（学習指導要領に示す各教科・科目の取扱いは次のとおり）
［各教科・科目の学習の記録］
Ⅰ　観点別学習状況

　　学習指導要領に示す各教科・科目の目標に基づき，学校が生徒や地域の実態に即して定めた当該教科・科目の目標や内容に照らして，その実現状況を観点ごとに評価し記入する。その際，

　　　「十分満足できる」状況と判断されるもの：A
　　　「おおむね満足できる」状況と判断されるもの：B
　　　「努力を要する」状況と判断されるもの：C

　のように区別して評価を記入する。

Ⅱ　評定

　　各教科・科目の評定は，学習指導要領に示す各教科・科目の目標に基づき，学校が生徒や地域の実態に即して定めた当該教科・科目の目標や内容に照らし，その実現状況を総括的に評価して，

　　　「十分満足できるもののうち，特に程度が高い」状況と判断されるもの：5
　　　「十分満足できる」状況と判断されるもの：4
　　　「おおむね満足できる」状況と判断されるもの：3
　　　「努力を要する」状況と判断されるもの：2
　　　「努力を要すると判断されるもののうち，特に程度が低い」状況と判断されるもの：1

　のように区別して評価を記入する。

　　評定は各教科・科目の学習の状況を総括的に評価するものであり，「観点別学習状況」において掲げられた観点は，分析的な評価を行うものとして，各教科・科目の評定を行う場合において基本的な要素となるものであることに十分留意する。その際，評定の適切な決定方法等については，各学校において定める。

　「平成29年度文科省意識調査」では，「観点別学習状況の評価は実践の蓄積があり，定着してきている」に対する「そう思う」又は「まあそう思う」との回答の割合は，小学校・中学校では80％を超えるのに対し，高等学校では約45％にとどまっている。このような現状を踏まえ，今後高等学校においては，観点別学習状況の評価を更に充実し，その質を高めることが求められている。

　また，観点別学習状況の評価や評定には示しきれない生徒一人一人のよい点や可能性，進歩の状況については，「個人内評価」として実施するものとされている。改善等通知においては，「観点別学習状況の評価になじまず個人内評価の対象となるものについては，児童生徒が学習したことの意義や価値を実感できるよう，日々の教育活動等の中で児童生徒に伝えることが重要であること。特に『学びに向かう力，人間性等』のうち『感性や思いやり』など児童生徒一人一人のよい点や可能性，進歩の状況などを積極的に評価し児童生徒に伝えることが重要であること。」と示されている。

　「3　平成30年の高等学校学習指導要領改訂を受けた評価の観点の整理」も踏まえて各教科における評価の基本構造を図示化すると，以下のようになる（図3参照）。

図3

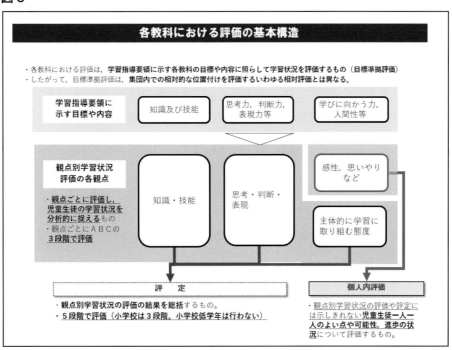

　上記の，「各教科における評価の基本構造」を踏まえた3観点の評価それぞれについての考え方は，以下の（1）〜（3）のとおりとなる。なお，この考え方は，総合的な探究の時間，特別活動においても同様に考えることができる。

（1）「知識・技能」の評価について

　「知識・技能」の評価は，各教科等における学習の過程を通した知識及び技能の習得状況について評価を行うとともに，それらを既有の知識及び技能と関連付けたり活用したりする中で，他の学習や生活の場面でも活用できる程度に概念等を理解したり，技能を習得したりしているかについても評価するものである。

　「知識・技能」におけるこのような考え方は，従前の「知識・理解」（各教科等において習得すべき知識や重要な概念等を理解しているかを評価），「技能」（各教科等において習得すべき技能を身に付けているかを評価）においても重視してきたものである。

　具体的な評価の方法としては，ペーパーテストにおいて，事実的な知識の習得を問う問題と，知識の概念的な理解を問う問題とのバランスに配慮するなどの工夫改善を図るとともに，例えば，生徒が文章による説明をしたり，各教科等の内容の特質に応じて，観察・実験したり，式やグラフで表現したりするなど，実際に知識や技能を用いる場面を設けるなど，多様な方法を適切に取り入れていくことが考えられる。

（2）「思考・判断・表現」の評価について

　「思考・判断・表現」の評価は，各教科等の知識及び技能を活用して課題を解決する等のために必要な思考力，判断力，表現力等を身に付けているかを評価するものである。

　「思考・判断・表現」におけるこのような考え方は，従前の「思考・判断・表現」の観点においても重視してきたものである。「思考・判断・表現」を評価するためには，教師は「主体的・対話的で深い学び」の視点からの授業改善をする中で，生徒が思考・判断・表現する場面を効果的に設計するなどした上で，指導・評価することが求められる。

　具体的な評価の方法としては，ペーパーテストのみならず，論述やレポートの作成，発表，グループでの話合い，作品の制作や表現等の多様な活動を取り入れたり，それらを集めたポートフォリオを活用したりするなど評価方法を工夫することが考えられる。

（3）「主体的に学習に取り組む態度」の評価について

　答申において「学びに向かう力，人間性等」には，①「主体的に学習に取り組む態度」として観点別学習状況の評価を通じて見取ることができる部分と，②観点別学習状況の評価や評定にはなじまず，こうした評価では示しきれないことから個人内評価を通じて見取る部分があることに留意する必要があるとされている。すなわち，②については観点別学習状況の評価の対象外とする必要がある。

　「主体的に学習に取り組む態度」の評価に際しては，単に継続的な行動や積極的な発言を行うなど，性格や行動面の傾向を評価するということではなく，各教科等の「主体的に学習に取り組む態度」に係る観点の趣旨に照らして，知識及び技能を習得したり，思考力，判断力，表現力等を身に付けたりするために，自らの学習状況を把握し，学習の進め方について試行錯誤するなど自らの学習を調整しながら，学ぼうとしているか

どうかという意思的な側面を評価することが重要である。

　従前の「関心・意欲・態度」の観点も，各教科等の学習内容に関心をもつことのみならず，よりよく学ぼうとする意欲をもって学習に取り組む態度を評価するという考え方に基づいたものであり，この点を「主体的に学習に取り組む態度」として改めて強調するものである。

　本観点に基づく評価は，「主体的に学習に取り組む態度」に係る各教科等の評価の観点の趣旨に照らして，

①　知識及び技能を獲得したり，思考力，判断力，表現力等を身に付けたりすることに
　　向けた粘り強い取組を行おうとしている側面

②　①の粘り強い取組を行う中で，自らの学習を調整しようとする側面

という二つの側面を評価することが求められる[2]（図4参照）。

　ここでの評価は，生徒の学習の調整が「適切に行われているか」を必ずしも判断するものではなく，学習の調整が知識及び技能の習得などに結び付いていない場合には，教師が学習の進め方を適切に指導することが求められる。

　具体的な評価の方法としては，ノートやレポート等における記述，授業中の発言，教師による行動観察や生徒による自己評価や相互評価等の状況を，教師が評価を行う際に考慮する材料の一つとして用いることなどが考えられる。

図4

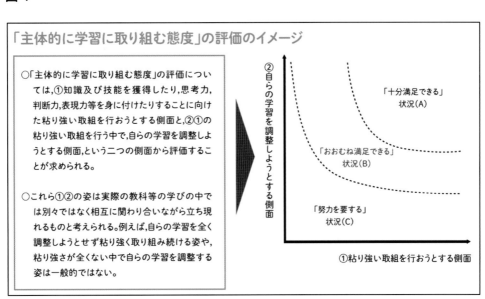

---

[2] これら①②の姿は実際の教科等の学びの中では別々ではなく相互に関わり合いながら立ち現れるものと考えられることから，実際の評価の場面においては，双方の側面を一体的に見取ることも想定される。例えば，自らの学習を全く調整しようとせず粘り強く取り組み続ける姿や，粘り強さが全くない中で自らの学習を調整する姿は一般的ではない。

　なお，学習指導要領の「２　内容」に記載のない「主体的に学習に取り組む態度」の評価については，後述する第２章１（２）を参照のこと[3]。

5　改善等通知における総合的な探究の時間，特別活動の指導要録の記録

　改善等通知においては，各教科の学習の記録とともに，以下の（１），（２）の各教科等の指導要録における学習の記録について以下のように示されている。

（１）総合的な探究の時間について

　改善等通知別紙３には，「総合的な探究の時間の記録については，この時間に行った学習活動及び各学校が自ら定めた評価の観点を記入した上で，それらの観点のうち，生徒の学習状況に顕著な事項がある場合などにその特徴を記入する等，生徒にどのような力が身に付いたかを文章で端的に記述する」とされている。また，「評価の観点については，高等学校学習指導要領等に示す総合的な探究の時間の目標を踏まえ，各学校において具体的に定めた目標，内容に基づいて別紙５を参考に定める」とされている。

（２）特別活動について

　改善等通知別紙３には，「特別活動の記録については，各学校が自ら定めた特別活動全体に係る評価の観点を記入した上で，各活動・学校行事ごとに，評価の観点に照らして十分満足できる活動の状況にあると判断される場合に，〇印を記入する」とされている。また，「評価の観点については，高等学校学習指導要領等に示す特別活動の目標を踏まえ，各学校において別紙５を参考に定める。その際，特別活動の特質や学校として重点化した内容を踏まえ，例えば『主体的に生活や人間関係をよりよくしようとする態度』などのように，より具体的に定めることも考えられる。記入に当たっては，特別活動の学習が学校やホームルームにおける集団活動や生活を対象に行われるという特質に留意する」とされている。

　なお，特別活動は学級担任以外の教師が指導する活動もあることから，評価体制を確立し，共通理解を図って，生徒のよさや可能性を多面的・総合的に評価するとともに，確実に資質・能力が育成されるよう指導の改善に生かすことが求められる。

---

[3] 各教科等によって，評価の対象に特性があることに留意する必要がある。例えば，保健体育科の体育に関する科目においては，公正や協力などを，育成する「態度」として学習指導要領に位置付けており，各教科等の目標や内容に対応した学習評価が行われることとされている。

6　障害のある生徒の学習評価について

　学習評価に関する基本的な考え方は，障害のある生徒の学習評価についても同様である。

　障害のある生徒については，特別支援学校等の助言又は援助を活用しつつ，個々の生徒の障害の状態や特性及び心身の発達の段階に応じた指導内容や指導方法の工夫を行い，その評価を適切に行うことが必要である。また，指導内容や指導方法の工夫については，学習指導要領の各教科・科目の「指導計画の作成と内容の取扱い」の「指導計画作成上の配慮事項」の「障害のある生徒への配慮についての事項」についての学習指導要領解説も参考となる。

7　評価の方針等の生徒や保護者への共有について

　学習評価の妥当性や信頼性を高めるとともに，生徒自身に学習の見通しをもたせるために，学習評価の方針を事前に生徒と共有する場面を必要に応じて設けることが求められており，生徒に評価の結果をフィードバックする際にも，どのような方針によって評価したのかを改めて生徒に共有することも重要である。

　また，学習指導要領下での学習評価の在り方や基本方針等について，様々な機会を捉えて保護者と共通理解を図ることが非常に重要である。

第2章　学習評価の基本的な流れ

1　各学科に共通する各教科における評価規準の作成及び評価の実施等について

（1）目標と「評価の観点及びその趣旨」との対応関係について

　　　　評価規準の作成に当たっては，各学校の実態に応じて目標に準拠した評価を行うために，「評価の観点及びその趣旨[4]」が各教科の目標を踏まえて作成されていることを確認することが必要である[5]。また，教科の目標と「評価の観点及びその趣旨」との関係性を踏まえ，科目の目標に対する「評価の観点の趣旨」を作成することが必要である。

　　　　なお，「主体的に学習に取り組む態度」の観点は，教科・科目の目標の（3）に対応するものであるが，観点別学習状況の評価を通じて見取ることができる部分をその内容として整理し，示していることを確認することが必要である（図5，6参照）。

図5

【学習指導要領「教科の目標」】

　学習指導要領　各教科の「第1款　目標」等

(1)	(2)	(3)
（知識及び技能に関する目標）	（思考力，判断力，表現力等に関する目標）	（学びに向かう力，人間性等に関する目標）[6]

【改善等通知　別紙5「評価の観点及びその趣旨」】

観点	知識・技能	思考・判断・表現	主体的に学習に取り組む態度
趣旨	（知識・技能の観点の趣旨）	（思考・判断・表現の観点の趣旨）	（主体的に学習に取り組む態度の観点の趣旨）

---

[4] 各教科等の学習指導要領の目標の規定を踏まえ，観点別学習状況の評価の対象とするものについて整理したものが教科等の観点の趣旨である。

[5] 芸術科においては，「第2款　各科目」における音楽Ⅰ～Ⅲ，美術Ⅰ～Ⅲ，工芸Ⅰ～Ⅲ，書道Ⅰ～Ⅲについて，それぞれ科目の目標を踏まえて「評価の観点及びその趣旨」が作成されている。

[6] 学びに向かう力，人間性等に関する目標には，個人内評価として実施するものも含まれている。

図6

【学習指導要領「科目の目標」】

学習指導要領　各教科の「第2款　各科目」における科目の目標

(1)	(2)	(3)
（知識及び技能に関する目標）	（思考力，判断力，表現力等に関する目標）	（学びに向かう力，人間性等に関する目標）[7]

観点	知識・技能	思考・判断・表現	主体的に学習に取り組む態度
趣旨	（知識・技能の観点の趣旨）	（思考・判断・表現の観点の趣旨）	（主体的に学習に取り組む態度の観点の趣旨）
	科目の目標に対する「評価の観点の趣旨」は各学校等において作成する		

（2）「内容のまとまりごとの評価規準」について

　本参考資料では，評価規準の作成等について示す。具体的には，第2編において学習指導要領の規定から「内容のまとまりごとの評価規準」を作成する際の手順を示している。ここでの「内容のまとまり」とは，学習指導要領に示す各教科等の「第2款　各科目」における各科目の「1　目標」及び「2　内容」の項目等をそのまとまりごとに細分化したり整理したりしたものである[8]。平成30年に改訂された高等学校学習指導要領においては資質・能力の三つの柱に基づく構造化が行われたところであり，各学科に共通する各教科においては，学習指導要領に示す各教科の「第2款 各科目」の「2　内容」

---

[7] 脚注6を参照

[8] 各教科等の学習指導要領の「第3款　各科目にわたる指導計画の作成と内容の取扱い」1(1)に「単元（題材）などの内容や時間のまとまり」という記載があるが，この「内容や時間のまとまり」と，本参考資料における「内容のまとまり」は同義ではないことに注意が必要である。前者は，主体的・対話的で深い学びを実現するため，主体的に学習に取り組めるよう学習の見通しを立てたり学習したことを振り返ったりして自身の学びや変容を自覚できる場面をどこに設定するか，対話によって自分の考えなどを広げたり深めたりする場面をどこに設定するか，学びの深まりをつくりだすために，生徒が考える場面と教師が教える場面をどのように組み立てるか，といった視点による授業改善は，1単位時間の授業ごとに考えるのではなく，単元や題材などの一定程度のまとまりごとに検討されるべきであることが示されたものである。後者（本参考資料における「内容のまとまり」）については，本文に述べるとおりである。

において[9]，「内容のまとまり」ごとに育成を目指す資質・能力が示されている。このため，「2 内容」の記載はそのまま学習指導の目標となりうるものである[10]。学習指導要領の目標に照らして観点別学習状況の評価を行うに当たり，生徒が資質・能力を身に付けた状況を表すために，「2 内容」の記載事項の文末を「～すること」から「～している」と変換したもの等を，本参考資料において「内容のまとまりごとの評価規準」と呼ぶこととする[11]。

　ただし，「主体的に学習に取り組む態度」に関しては，特に，生徒の学習への継続的な取組を通して現れる性質を有すること等から[12]，「2 内容」に記載がない[13]。そのため，各科目の「1 目標」を参考にして作成した科目の目標に対する「評価の観点の趣旨」を踏まえつつ，必要に応じて，改善等通知別紙5に示された評価の観点の趣旨のうち「主体的に学習に取り組む態度」に関わる部分を用いて「内容のまとまりごとの評価規準」を作成する必要がある。

　なお，各学校においては，「内容のまとまりごとの評価規準」の考え方を踏まえて，各学校の実態を考慮し，単元や題材の評価規準等，学習評価を行う際の評価規準を作成する。

---

[9] 外国語においては「第2款 各科目」の「1 目標」である。

[10] 「2 内容」において示されている指導事項等を整理することで「内容のまとまり」を構成している教科もある。この場合は，整理した資質・能力をもとに，構成された「内容のまとまり」に基づいて学習指導の目標を設定することとなる。また，目標や評価規準の設定は，教育課程を編成する主体である各学校が，学習指導要領に基づきつつ生徒や学校，地域の実情に応じて行うことが必要である。

[11] 各学科に共通する各教科第9節家庭については，学習指導要領の「第1款 目標」(2)及び「第2款 各科目」の「1 目標」(2)に思考力・判断力・表現力等の育成に係る学習過程が記載されているため，これらを踏まえて「内容のまとまりごとの評価規準」を作成する必要がある。

[12] 各教科等の特性によって単元や題材など内容や時間のまとまりはさまざまであることから，評価を行う際は，それぞれの実現状況が把握できる段階について検討が必要である。

[13] 各教科等によって，評価の対象に特性があることに留意する必要がある。例えば，保健体育科の体育に関する科目においては，公正や協力などを，育成する「態度」として学習指導要領に位置付けており，各教科等の目標や内容に対応した学習評価が行われることとされている。

（3）「内容のまとまりごとの評価規準」を作成する際の基本的な手順

各教科における[14]，「内容のまとまりごとの評価規準」を作成する際の基本的な手順は以下のとおりである。

学習指導要領に示された教科及び科目の目標を踏まえて，「評価の観点及びその趣旨」が作成されていることを理解した上で，

① 各教科における「内容のまとまり」と「評価の観点」との関係を確認する。

② 【観点ごとのポイント】を踏まえ，「内容のまとまりごとの評価規準」を作成する。

（4）評価の計画を立てることの重要性

学習指導のねらいが生徒の学習状況として実現されたかについて，評価規準に照らして観察し，毎時間の授業で適宜指導を行うことは，育成を目指す資質・能力を生徒に育むためには不可欠である。その上で，評価規準に照らして，観点別学習状況の評価をするための記録を取ることになる。そのためには，いつ，どのような方法で，生徒について観点別学習状況を評価するための記録を取るのかについて，評価の計画を立てることが引き続き大切である。

しかし，毎時間生徒全員について記録を取り，総括の資料とするために蓄積することは現実的ではないことからも，生徒全員の学習状況を記録に残す場面を精選し，かつ適切に評価するための評価の計画が一層重要になる。

（5）観点別学習状況の評価に係る記録の総括

適切な評価の計画の下に得た，生徒の観点別学習状況の評価に係る記録の総括の時期としては，単元（題材）末，学期末，学年末等の節目が考えられる。

総括を行う際，観点別学習状況の評価に係る記録が，観点ごとに複数ある場合は，例えば，次のような総括の方法が考えられる。

・ 評価結果のＡ，Ｂ，Ｃの数を基に総括する場合

何回か行った評価結果のＡ，Ｂ，Ｃの数が多いものが，その観点の学習の実施状況を最もよく表現しているとする考え方に立つ総括の方法である。例えば，3回評価を行った結果が「ＡＢＢ」ならばＢと総括することが考えられる。なお，「ＡＡＢＢ」の総括結果をＡとするかＢとするかなど，同数の場合や三つの記号が混在する場合の総括の仕方をあらかじめ各学校において決めておく必要がある。

---

[14] 芸術科においては，「第2款　各科目」における音楽Ⅰ～Ⅲ，美術Ⅰ～Ⅲ，工芸Ⅰ～Ⅲ，書道Ⅰ～Ⅲについて，必要に応じてそれぞれ「内容のまとまりごとの評価規準」を作成する。

・　評価結果のＡ，Ｂ，Ｃを数値に置き換えて総括する場合

　　何回か行った評価結果Ａ，Ｂ，Ｃを，例えばＡ＝３，Ｂ＝２，Ｃ＝１のように数値によって表し，合計したり平均したりする総括の方法である。例えば，総括の結果をＢとする範囲を［1.5≦平均値≦2.5］とすると，「ＡＢＢ」の平均値は，約2.3［（３＋２＋２）÷３］で総括の結果はＢとなる。

　　なお，評価の各節目のうち特定の時点に重きを置いて評価を行うこともできるが，その際平均値による方法等以外についても様々な総括の方法が考えられる。

（６）観点別学習状況の評価の評定への総括

　　評定は，各教科の観点別学習状況の評価を総括した数値を示すものである。評定は，生徒がどの教科の学習に望ましい学習状況が認められ，どの教科の学習に課題が認められるのかを明らかにすることにより，教育課程全体を見渡した学習状況の把握と指導や学習の改善に生かすことを可能とするものである。

　　評定への総括は，学期末や学年末などに行われることが多い。学年末に評定へ総括する場合には，学期末に総括した評定の結果を基にする場合と，学年末に観点ごとに総括した結果を基にする場合が考えられる。

　　観点別学習状況の評価の評定への総括は，各観点の評価結果をＡ，Ｂ，Ｃの組合せ，又は，Ａ，Ｂ，Ｃを数値で表したものに基づいて総括し，その結果を５段階で表す。

　　Ａ，Ｂ，Ｃの組合せから評定に総括する場合，「ＢＢＢ」であれば３を基本としつつ，「ＡＡＡ」であれば５又は４，「ＣＣＣ」であれば２又は１とするのが適当であると考えられる。それ以外の場合は，各観点のＡ，Ｂ，Ｃの数の組合せから適切に評定することができるようあらかじめ各学校において決めておく必要がある。

　　なお，観点別学習状況の評価結果は，「十分満足できる」状況と判断されるものをＡ，「おおむね満足できる」状況と判断されるものをＢ，「努力を要する」状況と判断されるものをＣのように表されるが，そこで表された学習の実現状況には幅があるため，機械的に評定を算出することは適当ではない場合も予想される。

　　また，評定は，高等学校学習指導要領等に示す各教科・科目の目標に照らして，その実現状況を「十分満足できるもののうち，特に程度が高い」状況と判断されるものを５，「十分満足できる」状況と判断されるものを４，「おおむね満足できる」状況と判断されるものを３，「努力を要する」状況と判断されるものを２，「努力を要すると判断されるもののうち，特に程度が低い」状況と判断されるものを１（単位不認定）という数値で表される。しかし，この数値を生徒の学習状況について五つに分類したものとして捉えるのではなく，常にこの結果の背後にある生徒の具体的な学習の実現状況を思い描き，適切に捉えることが大切である。評定への総括に当たっては，このようなことも十分に検討する必要がある[15]。また，各学校では観点別学習状況の評価の観点ごとの総括

---

[15] 改善等通知では，「評定は各教科の学習の状況を総括的に評価するものであり，『観点別

及び評定への総括の考え方や方法について，教師間で共通理解を図り，生徒及び保護者に十分説明し理解を得ることが大切である。

2 主として専門学科（職業教育を主とする専門学科）において開設される各教科における評価規準の作成及び評価の実施等について

（1）目標と「評価の観点及びその趣旨」との対応関係について

評価規準の作成に当たっては，各学校の実態に応じて目標に準拠した評価を行うために，「評価の観点及びその趣旨」が各教科の目標を踏まえて作成されていることを確認することが必要である。また，教科の目標と「評価の観点及びその趣旨」との関係性を踏まえ，科目の目標に対する「評価の観点の趣旨」を作成することが必要である。

なお，「主体的に学習に取り組む態度」の観点は，教科・科目の目標の（3）に対応するものであるが，観点別学習状況の評価を通じて見取ることができる部分をその内容として整理し，示していることを確認することが必要である（図7，8参照）。

図7

【学習指導要領「教科の目標」】

学習指導要領　各教科の「第1款　目標」

(1)	(2)	(3)
（知識及び技術に関する目標）	（思考力，判断力，表現力等に関する目標）	（学びに向かう力，人間性等に関する目標）[16]

【改善等通知　別紙5「評価の観点及びその趣旨」】

観点	知識・技術	思考・判断・表現	主体的に学習に取り組む態度
趣旨	（知識・技術の観点の趣旨）	（思考・判断・表現の観点の趣旨）	（主体的に学習に取り組む態度の観点の趣旨）

学習状況』において掲げられた観点は，分析的な評価を行うものとして，各教科の評定を行う場合において基本的な要素となるものであることに十分留意する。その際，評定の適切な決定方法等については，各学校において定める。」と示されている（P.8参照）。

[16] 脚注6を参照

図8

【学習指導要領「科目の目標」】

学習指導要領　各教科の「第2款　各科目」における科目の目標

(1)	(2)	(3)
（知識及び技術に関する目標）	（思考力，判断力，表現力等に関する目標）	（学びに向かう力，人間性等に関する目標）[17]

観点	知識・技術	思考・判断・表現	主体的に学習に取り組む態度
趣旨	（知識・技術の観点の趣旨）	（思考・判断・表現の観点の趣旨）	（主体的に学習に取り組む態度の観点の趣旨）

科目の目標に対する「評価の観点の趣旨」は各学校等において作成する

（2）職業教育を主とする専門学科において開設される「〔指導項目〕ごとの評価規準」について

　職業教育を主とする専門学科においては，学習指導要領の規定から「〔指導項目〕ごとの評価規準」を作成する際の手順を示している。

　平成30年に改訂された高等学校学習指導要領においては資質・能力の三つの柱に基づく構造化が行われたところであり，職業教育を主とする専門学科においては，学習指導要領解説に示す各科目の「第2　内容とその取扱い」の「2　内容」の各〔指導項目〕において，育成を目指す資質・能力が示されている。このため，「2　内容〔指導項目〕」の記載はそのまま学習指導の目標となりうるものである。学習指導要領及び学習指導要領解説の目標に照らして観点別学習状況の評価を行うに当たり，生徒が資質・能力を身に付けた状況を表すために，「2　内容　〔指導項目〕」の記載事項の文末を「～すること」から「～している」と変換したもの等を，本参考資料において「〔指導項目〕ごとの評価規準」と呼ぶこととする。

　なお，職業教育を主とする専門学科については，「2　内容　〔指導項目〕」に「学びに向かう力・人間性」に係る項目が存在する。この「学びに向かう力・人間性」に係る項目から，観点別学習状況の評価になじまない部分等を除くことで「主体的に学習に取り組む態度」の〔指導項目〕ごとの評価規準」を作成することができる。

　これらを踏まえ，職業教育を主とする専門学科においては，各科目における「内容のまとまり」を〔指導項目〕に置き換えて記載することとする。

---

[17] 脚注6を参照

　各学校においては，「〔指導項目〕ごとの評価規準」の考え方を踏まえて，各学校の実態を考慮し，単元の評価規準等，学習評価を行う際の評価規準を作成する。

（3）「〔指導項目〕ごとの評価規準」を作成する際の基本的な手順

　職業教育を主とする専門学科における，「〔指導項目〕ごとの評価規準」を作成する際の基本的な手順は以下のとおりである。

　学習指導要領に示された教科及び科目の目標を踏まえて，「評価の観点及びその趣旨」が作成されていることを理解した上で，

① 　各科目における〔指導項目〕と「評価の観点」との関係を確認する。

② 　【観点ごとのポイント】を踏まえ，「〔指導項目〕ごとの評価規準」を作成する。

3　総合的な探究の時間における評価規準の作成及び評価の実施等について
（1）総合的な探究の時間の「評価の観点」について

　平成30年に改訂された高等学校学習指導要領では，各教科等の目標や内容を「知識及び技能」，「思考力，判断力，表現力等」，「学びに向かう力，人間性等」の資質・能力の三つの柱で再整理しているが，このことは総合的な探究の時間においても同様である。

　総合的な探究の時間においては，学習指導要領が定める目標を踏まえて各学校が目標や内容を設定するという総合的な探究の時間の特質から，各学校が観点を設定するという枠組みが維持されている。一方で，各学校が目標や内容を定める際には，学習指導要領において示された以下について考慮する必要がある。

【各学校において定める目標】

・　各学校において定める目標については，各学校における教育目標を踏まえ，総合的な探究の時間を通して育成を目指す資質・能力を示すこと。　　　（第2の3(1)）

　総合的な探究の時間を通して育成を目指す資質・能力を示すとは，各学校における教育目標を踏まえて，各学校において定める目標の中に，この時間を通して育成を目指す資質・能力を，三つの柱に即して具体的に示すということである。

【各学校において定める内容】

・　探究課題の解決を通して育成を目指す具体的な資質・能力については，次の事項に配慮すること。

　ア　知識及び技能については，他教科等及び総合的な探究の時間で習得する知識及び技能が相互に関連付けられ，社会の中で生きて働くものとして形成されるようにすること。

　イ　思考力，判断力，表現力等については，課題の設定，情報の収集，整理・分析，

> まとめ・表現などの探究的な学習の過程において発揮され，未知の状況において活用できるものとして身に付けられるようにすること。
> ウ　学びに向かう力，人間性等については，自分自身に関すること及び他者や社会との関わりに関することの両方の視点を踏まえること。　　　　　　（第2の3(6)）

　各学校において定める内容について，今回の改訂では新たに，「目標を実現するにふさわしい探究課題」，「探究課題の解決を通して育成を目指す具体的な資質・能力」の二つを定めることが示された。「探究課題の解決を通して育成を目指す具体的な資質・能力」とは，各学校において定める目標に記された資質・能力を，各探究課題に即して具体的に示したものであり，教師の適切な指導の下，生徒が各探究課題の解決に取り組む中で，育成することを目指す資質・能力のことである。この具体的な資質・能力も，「知識及び技能」，「思考力，判断力，表現力等」，「学びに向かう力，人間性等」という資質・能力の三つの柱に即して設定していくことになる。

　このように，各学校において定める目標と内容には，三つの柱に沿った資質・能力が明示されることになる。

　したがって，資質・能力の三つの柱で再整理した学習指導要領の下での指導と評価の一体化を推進するためにも，評価の観点についてこれらの資質・能力に関わる「知識・技能」，「思考・判断・表現」，「主体的に学習に取り組む態度」の3観点に整理し示したところである。

（2）総合的な探究の時間の「内容のまとまり」の考え方

　学習指導要領の第2の2では，「各学校においては，第1の目標を踏まえ，各学校の総合的な探究の時間の内容を定める。」とされている。これは，各学校が，学習指導要領が定める目標の趣旨を踏まえて，地域や学校，生徒の実態に応じて，創意工夫を生かした内容を定めることが期待されているからである。

　この内容の設定に際しては，前述したように「目標を実現するにふさわしい探究課題」，「探究課題の解決を通して育成を目指す具体的な資質・能力」の二つを定めることが示され，探究課題としてどのような対象と関わり，その探究課題の解決を通して，どのような資質・能力を育成するのかが内容として記述されることになる（図9参照）。

　本参考資料第1編第2章の1（2）では，「内容のまとまり」について，「学習指導要領に示す各教科等の『第2款　各科目』における各科目の『1　目標』及び『2　内容』の項目等をそのまとまりごとに細分化したり整理したりしたもので，『内容のまとまり』ごとに育成を目指す資質・能力が示されている」と説明されている。

　したがって，総合的な探究の時間における「内容のまとまり」とは，全体計画に示した「目標を実現するにふさわしい探究課題」のうち，一つ一つの探究課題とその探究課題に応じて定めた具体的な資質・能力と考えることができる。

図9

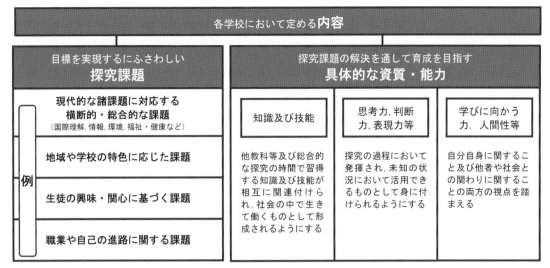

（3）「内容のまとまりごとの評価規準」を作成する際の基本的な手順

　　総合的な探究の時間における，「内容のまとまりごとの評価規準」を作成する際の基本的な手順は以下のとおりである。

> ①　各学校において定めた目標（第2の1）と「評価の観点及びその趣旨」を確認する。
>
> ②　各学校において定めた内容の記述（「内容のまとまり」として探究課題ごとに作成した「探究課題の解決を通して育成を目指す具体的な資質・能力」）が，観点ごとにどのように整理されているかを確認する。
>
> ③【観点ごとのポイント】を踏まえ，「内容のまとまりごとの評価規準」を作成する。

4　特別活動の「評価の観点」とその趣旨，並びに評価規準の作成及び評価の実施等について
（1）特別活動の「評価の観点」とその趣旨について

　　特別活動においては，改善等通知において示されたように，特別活動の特質と学校の創意工夫を生かすということから，設置者ではなく，「各学校で評価の観点を定める」ものとしている。本参考資料では「評価の観点」とその趣旨の設定について示している。

（2）特別活動の「内容のまとまり」

　　学習指導要領「第2　各活動・学校行事の目標及び内容」〔ホームルーム活動〕「2　内容」の「(1)ホームルームや学校における生活づくりへの参画」，「(2)日常の生活や学習への適応と自己の成長及び健康安全」，「(3)一人一人のキャリア形成と自己実現」，〔生徒会活動〕，〔学校行事〕「2　内容」の(1)儀式的行事，(2)文化的行事，(3)健康安全・体育的行事，(4)旅行・集団宿泊的行事，(5)勤労生産・奉仕的行事をそれぞれ「内容のまとまり」とした。

（3）特別活動の「評価の観点」とその趣旨，並びに「内容のまとまりごとの評価規準」を作成する際の基本的な手順

　各学校においては，学習指導要領に示された特別活動の目標及び内容を踏まえ，自校の実態に即し，改善等通知の例示を参考に観点を作成する。その際，例えば，特別活動の特質や学校として重点化した内容を踏まえて，具体的な観点を設定することが考えられる。

　また，学習指導要領解説では，各活動・学校行事の内容ごとに育成を目指す資質・能力が例示されている。そこで，学習指導要領で示された「各活動・学校行事の目標」及び学習指導要領解説で例示された「資質・能力」を確認し，各学校の実態に合わせて育成を目指す資質・能力を重点化して設定する。

　次に，各学校で設定した，各活動・学校行事で育成を目指す資質・能力を踏まえて，「内容のまとまりごとの評価規準」を作成する。基本的な手順は以下のとおりである。

①　学習指導要領の「特別活動の目標」と改善等通知を確認する。
②　学習指導要領の「特別活動の目標」と自校の実態を踏まえ，改善等通知の例示を参考に，特別活動の「評価の観点」とその趣旨を設定する。
③　学習指導要領の「各活動・学校行事の目標」及び学習指導要領解説特別活動編（平成 30 年 7 月）で例示した「各活動・学校行事における育成を目指す資質・能力」を参考に，各学校において育成を目指す資質・能力を重点化して設定する。
④　【観点ごとのポイント】を踏まえ，「内容のまとまりごとの評価規準」を作成する。

（参考）平成 24 年「評価規準の作成，評価方法等の工夫改善のための参考資料」からの変更点について

　今回作成した本参考資料は，平成 24 年の「評価規準の作成，評価方法等の工夫改善のための参考資料」を踏襲するものであるが，以下のような変更点があることに留意が必要である[18]。

　まず，平成 24 年の参考資料において使用していた「評価規準に盛り込むべき事項」や「評価規準の設定例」については，報告において「現行の参考資料のように評価規準を詳細に示すのではなく，各教科等の特質に応じて，学習指導要領の規定から評価規準を作成する際の手順を示すことを基本とする」との指摘を受け，第 2 編において示すことを改め，本参考資料の第 3 編における事例の中で，各教科等の事例に沿った評価規準を例示したり，その作成手順等を紹介したりする形に改めている。

　次に，本参考資料の第 2 編に示す「内容のまとまりごとの評価規準」は，平成 24 年の「評価規準の作成，評価方法等の工夫改善のための参考資料」において示した「評価規準に盛り込むべき事項」と作成の手順を異にする。具体的には，「評価規準に盛り込むべき事項」は，平成 21 年改訂学習指導要領における各教科等の目標及び内容の記述を基に，学習評価及び指導要録の改善通知で示している各教科等の評価の観点及びその趣旨を踏まえて作成したものである。

　また，平成 24 年の参考資料では「評価規準に盛り込むべき事項」をより具体化したものを「評価規準の設定例」として示している。「評価規準の設定例」は，原則として，学習指導要領の各教科等の目標及び内容のほかに，当該部分の学習指導要領解説（文部科学省刊行）の記述を基に作成していた。他方，本参考資料における「内容のまとまりごとの評価規準」については，平成 30 年改訂の学習指導要領の目標及び内容が育成を目指す資質・能力に関わる記述で整理されたことから，既に確認のとおり，そこでの「内容のまとまり」ごとの記述を，文末を変換するなどにより評価規準とすることを可能としており，学習指導要領の記載と表裏一体をなす関係にあると言える。

　さらに，「主体的に学習に取り組む態度」の「各教科等の評価の観点の趣旨」についてである。前述のとおり，従前の「関心・意欲・態度」の観点から「主体的に学習に取り組む態度」の観点に改められており，「主体的に学習に取り組む態度」の観点に関しては各科目の「1　目標」を参考にしつつ，必要に応じて，改善等通知別紙 5 に示された評価の観点の趣旨のうち「主体的に学習に取り組む態度」に関わる部分を用いて「内容のまとまりごとの評価規準」を作成する必要がある。報告にあるとおり，「主体的に学習に取り組む態度」は，現行の「関心・意欲・態度」の観点の本来の趣旨であった，各教科等の学習内容に関心をもつことのみならず，よりよく学ぼうとする意欲をもって学習に取り組む

---

[18] 特別活動については，平成 30 年改訂学習指導要領を受け，初めて作成するものである。

態度を評価することを改めて強調するものである。また，本観点に基づく評価としては，「主体的に学習に取り組む態度」に係る各教科等の評価の観点の趣旨に照らし，

① 知識及び技能を獲得したり，思考力，判断力，表現力等を身に付けたりすることに向けた粘り強い取組を行おうとする側面と，

② ①の粘り強い取組を行う中で，自らの学習を調整しようとする側面，

という二つの側面を評価することが求められるとされた[19]。

　以上の点から，今回の改善等通知で示した「主体的に学習に取り組む態度」の「各教科等の評価の観点の趣旨」は，平成22年通知で示した「関心・意欲・態度」の「各教科等の評価の観点の趣旨」から改められている。

---

[19] 脚注11を参照

第２編

「内容のまとまりごとの評価規準」

を作成する際の手順

1 高等学校理科の「内容のまとまり」

高等学校理科における「内容のまとまり」は，以下のようになっている。

第1　科学と人間生活

(1)　科学技術の発展

(2)　人間生活の中の科学

(3)　これからの科学と人間生活

第2　物理基礎

(1)　物体の運動とエネルギー

(2)　様々な物理現象とエネルギーの利用

第3　物理

(1)　様々な運動

(2)　波

(3)　電気と磁気

(4)　原子

第4　化学基礎

(1)　化学と人間生活

(2)　物質の構成

(3)　物質の変化とその利用

第5　化学

(1)　物質の状態と平衡

(2)　物質の変化と平衡

(3)　無機物質の性質

(4)　有機化合物の性質

(5)　化学が果たす役割

第6　生物基礎

(1)　生物の特徴

(2)　ヒトの体の調節

(3)　生物の多様性と生態系

第7　生物

(1)　生物の進化

(2)　生命現象と物質

(3)　遺伝情報の発現と発生

(4)　生物の環境応答

(5)　生態と環境

第8　地学基礎

(1)　地球のすがた

(2)　変動する地球

第9　地学

(1)　地球の概観

(2)　地球の活動と歴史

(3)　地球の大気と海洋

(4)　宇宙の構造

2　高等学校理科における「内容のまとまりごとの評価規準」作成の手順

　ここでは，科目「化学基礎」の「(1) 化学と人間生活」を取り上げて，「内容のまとまりごとの評価規準」作成の手順を説明する。

　まず，学習指導要領に示された教科の目標を踏まえて，教科の「評価の観点及びその趣旨」が作成されていることを理解する。次に，教科の目標と「評価の観点及びその趣旨」の関係性を踏まえ，科目の目標に対する「評価の観点の趣旨」を作成する。その上で，①及び②の手順を踏む。

＜例　化学基礎「(1) 化学と人間生活」＞

【高等学校学習指導要領　第2章　第5節　理科「第1款 目標」】

　自然の事物・現象に関わり，理科の見方・考え方を働かせ，見通しをもって観察，実験を行うことなどを通して，自然の事物・現象を科学的に探究するために必要な資質・能力を次のとおり育成することを目指す。

(1)	(2)	(3)
自然の事物・現象についての理解を深め，科学的に探究するために必要な観察，実験などに関する技能を身に付けるようにする。	観察，実験などを行い，科学的に探究する力を養う。	自然の事物・現象に主体的に関わり，科学的に探究しようとする態度を養う。

（高等学校学習指導要領 P. 103）

【改善等通知　別紙5　各教科等の評価の観点及びその趣旨　＜理科＞】

知識・技能	思考・判断・表現	主体的に学習に取り組む態度
自然の事物・現象についての概念や原理・法則などを理解しているとともに，科学的に探究するために必要な観察，実験などに関する基本操作や記録などの技能を身に付けている。	自然の事物・現象から問題を見いだし，見通しをもって観察，実験などを行い，得られた結果を分析して解釈し，表現するなど，科学的に探究している。	自然の事物・現象に主体的に関わり，見通しをもったり振り返ったりするなど，科学的に探究しようとしている。

（改善等通知　別紙5　P. 2）

【高等学校学習指導要領　第2章　第5節　理科「第2款　第4　化学基礎　1　目標」】

　物質とその変化に関わり，理科の見方・考え方を働かせ，見通しをもって観察，実験を行うことなどを通して，物質とその変化を科学的に探究するために必要な資質・能力を次のとおり育成することを目指す。

(1)	(2)	(3)
日常生活や社会との関連を図りながら，物質とその変化について理解するとともに，科学的に探究するために必要な観察，実験などに関する基本的な技能を身に付けるようにする。	観察，実験などを行い，科学的に探究する力を養う。	物質とその変化に主体的に関わり，科学的に探究しようとする態度を養う。

(高等学校学習指導要領 P. 112)

　以下は，教科の目標と「評価の観点及びその趣旨」の関係性を踏まえた，科目の目標に対する「評価の観点の趣旨」の例である。

【「第2款　第4　化学基礎」の評価の観点の趣旨（例）】

知識・技能	思考・判断・表現	主体的に学習に取り組む態度
日常生活や社会との関連を図りながら，物質とその変化についての基本的な概念や原理・法則などを理解しているとともに，科学的に探究するために必要な観察，実験などに関する基本操作や記録などの基本的な技能を身に付けている。	物質とその変化から問題を見いだし，見通しをもって観察，実験などを行い，得られた結果を分析して解釈し，表現するなど，科学的に探究している。	物質とその変化に主体的に関わり，見通しをもったり振り返ったりするなど，科学的に探究しようとしている。

① 各教科における「内容のまとまり」と「評価の観点」との関係を確認する。

(1) 化学と人間生活

　化学と人間生活との関わりについての観察，実験などを通して，次の事項を身に付けることができるよう指導する。

ア　化学と人間生活について，次のことを理解するとともに，それらの観察，実験などに関する技能を身に付けること。

　(ア) 化学と物質

　　⑦　化学の特徴

　　　日常生活や社会を支える身近な物質の性質を調べる活動を通して，物質を対象とする科学である化学の特徴について理解すること。

　　①　物質の分離・精製

　　　物質の分離や精製の実験などを行い，実験における基本操作と物質を探究する方法を身に付けること。

　　⑦　単体と化合物

　　　元素を確認する実験などを行い，単体，化合物について理解すること。

　　①　熱運動と物質の三態

　　　粒子の熱運動と温度との関係，粒子の熱運動と物質の三態変化との関係について理解すること。

イ　身近な物質や元素について，観察，実験などを通して探究し，科学的に考察し，表現すること。

| （実線）…知識及び技能に関する内容 |
| （波線）…思考力，判断力，表現力等に関する内容 |

＊**大項目**　　(1) 化学と人間生活

＊**中項目**　　　(ア) 化学と物質

＊**小項目**　　　　⑦　化学の特徴　　①　物質の分離・精製　　⑦　単体と化合物

　　　　　　　　　　①　熱運動と物質の三態

②　【観点ごとのポイント】を踏まえ，「内容のまとまりごとの評価規準」を作成する。

（1）「内容のまとまりごとの評価規準」を作成する際の【観点ごとのポイント】

○「知識・技能」のポイント

・学習指導要領の「2　内容」における大項目の中のアの「次のこと」を「中項目名」に代え，「〜を理解するとともに」を「〜を理解しているとともに」，「〜を身に付けること」を「〜を身に付けている」として，「内容のまとまりごとの評価規準」を作成する。

○「思考・判断・表現」のポイント

・学習指導要領の「2　内容」における大項目の中のイの「科学的に考察し，表現すること」を「科学的に考察し，表現している」とするなどして，「内容のまとまりごとの評価規準」を作成する。

○「主体的に学習に取り組む態度」のポイント

・学習指導要領の「2　内容」に「学びに向かう力，人間性等」に関する事項が示されていないことから，各科目の評価の観点の趣旨における「主体的に学習に取り組む態度」の中の「自然の事物・現象」を「大項目名」に代えるなどして，「内容のまとまりごとの評価規準」を作成する。

（2）学習指導要領の「2　内容」及び「内容のまとまりごとの評価規準（例）」

学習指導要領 2 内容	知識及び技能	思考力，判断力，表現力等	学びに向かう力，人間性等
	ア　化学と人間生活について，次のことを理解するとともに，それらの観察，実験などに関する技能を身に付けること。	イ　身近な物質や元素について，観察，実験などを通して探究し，科学的に考察し，表現すること。	※内容には，学びに向かう力，人間性等について示されていないことから，該当科目の目標(3)を参考にする。

内容のまとまりごとの評価規準例	知識・技能	思考・判断・表現	主体的に学習に取り組む態度
	化学と人間生活について，化学と物質を理解しているとともに，それらの観察，実験などに関する技能を身に付けている。	身近な物質や元素について，観察，実験などを通して探究し，科学的に考察し，表現している。	化学と人間生活に主体的に関わり，見通しをもったり振り返ったりするなど，科学的に探究しようとしている。 ※各科目の評価の観点の趣旨のうち「主体的に学習に取り組む態度」に関わる部分を用いて作成する。

※　各学校においては，「内容のまとまりごとの評価規準」の考え方を踏まえて，各学校の実態を考慮し，単元や題材等の評価規準を作成する。具体的には第３編において事例を示している。

<参考資料>

高校理科における科目ごとの目標及び「評価の観点の趣旨（例）」

【高等学校学習指導要領　第2章　第5節　理科「第2款　第1　科学と人間生活　1　目標」】

　　自然の事物・現象に関わり，理科の見方・考え方を働かせ，見通しをもって観察，実験を行うことなどを通して，自然の事物・現象を科学的に探究するために必要な資質・能力を次のとおり育成することを目指す。

(1)	(2)	(3)
自然と人間生活との関わり及び科学技術と人間生活との関わりについての理解を深め，科学的に探究するために必要な観察，実験などに関する技能を身に付けるようにする。	観察，実験などを行い，人間生活と関連付けて科学的に探究する力を養う。	自然の事物・現象に進んで関わり，科学的に探究しようとする態度を養うとともに，科学に対する興味・関心を高める。

（高等学校学習指導要領 P. 103）

【「第2款　第1　科学と人間生活」の評価の観点の趣旨（例）】

知識・技能	思考・判断・表現	主体的に学習に取り組む態度
自然と人間生活との関わり及び科学技術と人間生活との関わりについての基本的な概念や原理・法則などを理解しているとともに，科学的に探究するために必要な観察，実験などに関する基本操作や記録などの基本的な技能を身に付けている。	自然の事物・現象を人間生活と関連付けて，問題を見いだし，見通しをもって観察，実験などを行い，得られた結果を分析して解釈し，表現するなど，科学的に探究している。	自然の事物・現象に進んで関わり，見通しをもったり振り返ったりするなど，科学的に探究しようとしている。

【高等学校学習指導要領　第2章　第5節　理科「第2款　第2　物理基礎　1　目標」】

　物体の運動と様々なエネルギーに関わり，理科の見方・考え方を働かせ，見通しをもって観察，実験を行うことなどを通して，物体の運動と様々なエネルギーを科学的に探究するために必要な資質・能力を次のとおり育成することを目指す。

(1)	(2)	(3)
日常生活や社会との関連を図りながら，物体の運動と様々なエネルギーについて理解するとともに，科学的に探究するために必要な観察，実験などに関する基本的な技能を身に付けるようにする。	観察，実験などを行い，科学的に探究する力を養う。	物体の運動と様々なエネルギーに主体的に関わり，科学的に探究しようとする態度を養う。

（高等学校学習指導要領 P. 105）

【「第2款　第2　物理基礎」の評価の観点の趣旨（例）】

知識・技能	思考・判断・表現	主体的に学習に取り組む態度
日常生活や社会との関連を図りながら，物体の運動と様々なエネルギーについての基本的な概念や原理・法則などを理解しているとともに，科学的に探究するために必要な観察，実験などに関する基本操作や記録などの基本的な技能を身に付けている。	物体の運動と様々なエネルギーから問題を見いだし，見通しをもって観察，実験などを行い，得られた結果を分析して解釈し，表現するなど，科学的に探究している。	物体の運動と様々なエネルギーに主体的に関わり，見通しをもったり振り返ったりするなど，科学的に探究しようとしている。

【高等学校学習指導要領　第2章　第5節　理科「第2款　第3　物理　1　目標」】

　　物理的な事物・現象に関わり，理科の見方・考え方を働かせ，見通しをもって観察，実験を行うことなどを通して，物理的な事物・現象を科学的に探究するために必要な資質・能力を次のとおり育成することを目指す。

(1)	(2)	(3)
物理学の基本的な概念や原理・法則の理解を深め，科学的に探究するために必要な観察，実験などに関する技能を身に付けるようにする。	観察，実験などを行い，科学的に探究する力を養う。	物理的な事物・現象に主体的に関わり，科学的に探究しようとする態度を養う。

(高等学校学習指導要領 P. 108)

【「第2款　第3　物理」の評価の観点の趣旨（例）】

知識・技能	思考・判断・表現	主体的に学習に取り組む態度
物理学の基本的な概念や原理・法則を理解しているとともに，科学的に探究するために必要な観察，実験などに関する操作や記録などの技能を身に付けている。	物理的な事物・現象から問題を見いだし，見通しをもって観察，実験などを行い，得られた結果を分析して解釈し，表現するなど，科学的に探究している。	物理的な事物・現象に主体的に関わり，見通しをもったり振り返ったりするなど，科学的に探究しようとしている。

【高等学校学習指導要領　第2章　第5節　理科「第2款　第4　化学基礎　1　目標」】

　物質とその変化に関わり，理科の見方・考え方を働かせ，見通しをもって観察，実験を行うことなどを通して，物質とその変化を科学的に探究するために必要な資質・能力を次のとおり育成することを目指す。

(1)	(2)	(3)
日常生活や社会との関連を図りながら，物質とその変化について理解するとともに，科学的に探究するために必要な観察，実験などに関する基本的な技能を身に付けるようにする。	観察，実験などを行い，科学的に探究する力を養う。	物質とその変化に主体的に関わり，科学的に探究しようとする態度を養う。

(高等学校学習指導要領 P. 112)

【「第2款　第4　化学基礎」の評価の観点の趣旨（例）】

知識・技能	思考・判断・表現	主体的に学習に取り組む態度
日常生活や社会との関連を図りながら，物質とその変化についての基本的な概念や原理・法則などを理解しているとともに，科学的に探究するために必要な観察，実験などに関する基本操作や記録などの基本的な技能を身に付けている。	物質とその変化から問題を見いだし，見通しをもって観察，実験などを行い，得られた結果を分析して解釈し，表現するなど，科学的に探究している。	物質とその変化に主体的に関わり，見通しをもったり振り返ったりするなど，科学的に探究しようとしている。

【高等学校学習指導要領　第2章　第5節　理科「第2款　第5　化学　1　目標」】

　　化学的な事物・現象に関わり，理科の見方・考え方を働かせ，見通しをもって観察，実験を行うことなどを通して，化学的な事物・現象を科学的に探究するために必要な資質・能力を次のとおり育成することを目指す。

(1)	(2)	(3)
化学の基本的な概念や原理・法則の理解を深め，科学的に探究するために必要な観察，実験などに関する技能を身に付けるようにする。	観察，実験などを行い，科学的に探究する力を養う。	化学的な事物・現象に主体的に関わり，科学的に探究しようとする態度を養う。

（高等学校学習指導要領 P. 114）

【「第2款　第5　化学」の評価の観点の趣旨（例）】

知識・技能	思考・判断・表現	主体的に学習に取り組む態度
化学の基本的な概念や原理・法則を理解しているとともに，科学的に探究するために必要な観察，実験などに関する操作や記録などの技能を身に付けている。	化学的な事物・現象から問題を見いだし，見通しをもって観察，実験などを行い，得られた結果を分析して解釈し，表現するなど，科学的に探究している。	化学的な事物・現象に主体的に関わり，見通しをもったり振り返ったりするなど，科学的に探究しようとしている。

【高等学校学習指導要領　第2章　第5節　理科「第2款　第6　生物基礎　1　目標」】

　生物や生物現象に関わり，理科の見方・考え方を働かせ，見通しをもって観察，実験を行うことなどを通して，生物や生物現象を科学的に探究するために必要な資質・能力を次のとおり育成することを目指す。

(1)	(2)	(3)
日常生活や社会との関連を図りながら，生物や生物現象について理解するとともに，科学的に探究するために必要な観察，実験などに関する基本的な技能を身に付けるようにする。	観察，実験などを行い，科学的に探究する力を養う。	生物や生物現象に主体的に関わり，科学的に探究しようとする態度と，生命を尊重し，自然環境の保全に寄与する態度を養う。

（高等学校学習指導要領 P.117，118）

【「第2款　第6　生物基礎」の評価の観点の趣旨（例）】

知識・技能	思考・判断・表現	主体的に学習に取り組む態度
日常生活や社会との関連を図りながら，生物や生物現象についての基本的な概念や原理・法則などを理解しているとともに，科学的に探究するために必要な観察，実験などに関する基本操作や記録などの基本的な技能を身に付けている。	生物や生物現象から問題を見いだし，見通しをもって観察，実験などを行い，得られた結果を分析して解釈し，表現するなど，科学的に探究している。	生物や生物現象に主体的に関わり，見通しをもったり振り返ったりするなど，科学的に探究しようとしている。

○「主体的に学習に取り組む態度」の留意点

　「生物基礎」の学習指導要領の目標の「学びに向かう力，人間性等」における，「生命を尊重し，自然環境の保全に寄与する態度」については，観点別学習状況の評価にはなじまず，個人内評価等を通じて見取る部分であることに留意する必要がある。

【高等学校学習指導要領　第2章　第5節　理科「第2款　第7　生物　1　目標」】

　　生物や生物現象に関わり，理科の見方・考え方を働かせ，見通しをもって観察，実験を行うことなどを通して，生物や生物現象を科学的に探究するために必要な資質・能力を次のとおり育成することを目指す。

(1)	(2)	(3)
生物学の基本的な概念や原理・法則の理解を深め，科学的に探究するために必要な観察，実験などに関する基本的な技能を身に付けるようにする。	観察，実験などを行い，科学的に探究する力を養う。	生物や生物現象に主体的に関わり，科学的に探究しようとする態度と，生命を尊重し，自然環境の保全に寄与する態度を養う。

（高等学校学習指導要領 P. 120）

【「第2款　第7　生物」の評価の観点の趣旨（例）】

知識・技能	思考・判断・表現	主体的に学習に取り組む態度
生物学の基本的な概念や原理・法則を理解しているとともに，科学的に探究するために必要な観察，実験などに関する操作や記録などの基本的な技能を身に付けている。	生物や生物現象から問題を見いだし，見通しをもって観察，実験などを行い，得られた結果を分析して解釈し，表現するなど，科学的に探究している。	生物や生物現象に主体的に関わり，見通しをもったり振り返ったりするなど，科学的に探究しようとしている。

○「主体的に学習に取り組む態度」の留意点

　　「生物」の学習指導要領の目標の「学びに向かう力，人間性等」における，「生命を尊重し，自然環境の保全に寄与する態度」については，観点別学習状況の評価にはなじまず，個人内評価等を通じて見取る部分であることに留意する必要がある。

【高等学校学習指導要領　第2章　第5節　理科「第2款　第8　地学基礎　1　目標」】

　地球や地球を取り巻く環境に関わり，理科の見方・考え方を働かせ，見通しをもって観察，実験を行うことなどを通して，地球や地球を取り巻く環境を科学的に探究するために必要な資質・能力を次のとおり育成することを目指す。

(1)	(2)	(3)
日常生活や社会との関連を図りながら，地球や地球を取り巻く環境について理解するとともに，科学的に探究するために必要な観察，実験などに関する基本的な技能を身に付けるようにする。	観察，実験などを行い，科学的に探究する力を養う。	地球や地球を取り巻く環境に主体的に関わり，科学的に探究しようとする態度と，自然環境の保全に寄与する態度を養う。

(高等学校学習指導要領 P. 124)

【「第2款　第8　地学基礎」の評価の観点の趣旨（例）】

知識・技能	思考・判断・表現	主体的に学習に取り組む態度
日常生活や社会との関連を図りながら，地球や地球を取り巻く環境についての基本的な概念や原理・法則などを理解しているとともに，科学的に探究するために必要な観察，実験などに関する基本操作や記録などの基本的な技能を身に付けている。	地球や地球を取り巻く環境から問題を見いだし，見通しをもって観察，実験などを行い，得られた結果を分析して解釈し，表現するなど，科学的に探究している。	地球や地球を取り巻く環境に主体的に関わり，見通しをもったり振り返ったりするなど，科学的に探究しようとしている。

○「**主体的に学習に取り組む態度**」の留意点

　「地学基礎」の学習指導要領の目標の「学びに向かう力，人間性等」における，「自然環境の保全に寄与する態度」については，観点別学習状況の評価にはなじまず，個人内評価等を通じて見取る部分であることに留意する必要がある。

【高等学校学習指導要領　第2章　第5節　理科「第2款　第9　地学　1　目標」】

　　地球や地球を取り巻く環境に関わり，理科の見方・考え方を働かせ，見通しをもって観察，実験を行うことなどを通して，地球や地球を取り巻く環境を科学的に探究するために必要な資質・能力を次のとおり育成することを目指す。

(1)	(2)	(3)
地学の基本的な概念や原理・法則の理解を深め，科学的に探究するために必要な観察，実験などに関する基本的な技能を身に付けるようにする。	観察，実験などを行い，科学的に探究する力を養う。	地球や地球を取り巻く環境に主体的に関わり，科学的に探究しようとする態度と，自然環境の保全に寄与する態度を養う。

（高等学校学習指導要領 P. 126）

【「第2款　第9　地学」の評価の観点の趣旨（例）】

知識・技能	思考・判断・表現	主体的に学習に取り組む態度
地学の基本的な概念や原理・法則を理解しているとともに，科学的に探究するために必要な観察，実験などに関する操作や記録などの基本的な技能を身に付けている。	地球や地球を取り巻く環境から問題を見いだし，見通しをもって観察，実験などを行い，得られた結果を分析して解釈し，表現するなど，科学的に探究している。	地球や地球を取り巻く環境に主体的に関わり，見通しをもったり振り返ったりするなど，科学的に探究しようとしている。

○「主体的に学習に取り組む態度」の留意点

　　「地学」の学習指導要領の目標の「学びに向かう力，人間性等」における，「自然環境の保全に寄与する態度」については，観点別学習状況の評価にはなじまず，個人内評価等を通じて見取る部分であることに留意する必要がある。

第３編

単元ごとの学習評価について

（事例）

第1章　「内容のまとまりごとの評価規準」の考え方を踏まえた評価規準の作成

1　本編事例における学習評価の進め方について

　各教科及び科目の単元における観点別学習状況の評価を実施するに当たり，まずは年間の指導と評価の計画を確認することが重要である。その上で，学習指導要領の目標や内容，「内容のまとまりごとの評価規準」の考え方等を踏まえ，以下のように進めることが考えられる。なお，複数の単元にわたって評価を行う場合など，以下の方法によらない事例もあることに留意する必要がある。

評価の進め方	留意点
1 **単元の目標を作成する**	○　学習指導要領の目標や内容，学習指導要領解説等を踏まえて作成する。 ○　生徒の実態，前単元までの学習状況等を踏まえて作成する。 ※　単元の目標及び評価規準の関係性（イメージ）については下図参照
2 **単元の評価規準を作成する**	
3 **「指導と評価の計画」を作成する**	○　1，2を踏まえ，評価場面や評価方法等を計画する。 ○　どのような評価資料（生徒の反応やノート，ワークシート，作品等）を基に，「おおむね満足できる」状況（B）と評価するかを考えたり，「努力を要する」状況（C）への手立て等を考えたりする。
授業を行う	○　3に沿って観点別学習状況の評価を行い，生徒の学習改善や教師の指導改善につなげる。
4 **観点ごとに総括する**	○　集めた評価資料やそれに基づく評価結果などから，観点ごとの総括的評価（A，B，C）を行う。

単元の目標及び評価規準の関係性について（イメージ図）

学習指導要領　　　第1編第2章1（2）を参照

「内容のまとまりごとの評価規準」

学習指導要領解説等を参考に，各学校において授業で育成を目指す資質・能力を明確化

「内容のまとまりごとの評価規準」の考え方等を踏まえて作成

単元の目標　　　第3編第1章2を参照

単元の評価規準

※　外国語科においてはこの限りではない。

2　単元（中項目）の評価規準の作成のポイント

第1編において，「各学校においては，『内容のまとまりごとの評価規準』の考え方を踏まえて，学習評価を行う際の評価規準を作成する。」と示されている。

高等学校理科においては，「各学校において学習評価を行う際の評価規準」を作成するための補足資料として，化学基礎で「単元（中項目）の評価規準」を作成する手順の例を以下に示す。

（1）化学基礎における「単元（中項目）の評価規準」の作成について
＜例　化学基礎の(1)ア(ｱ)　化学と物質＞

単元（中項目）の評価規準は，「内容のまとまりごとの評価規準」を基に，各科目の評価の観点の趣旨を踏まえて作成する。

● 学習指導要領の「2　内容(1) 化学と人間生活」 及び 「内容のまとまりごとの評価規準」

学習指導要領2内容(1)	知識及び技能	思考力，判断力，表現力等	学びに向かう力，人間性等
	ア　化学と人間生活について，次のことを理解するとともに，それらの観察，実験などに関する技能を身に付けること。	イ　身近な物質や元素について，観察，実験などを通して探究し，科学的に考察し，表現すること。	※　内容には，学びに向かう力，人間性等について示されていないことから，該当科目の目標(3)を参考にする。

内容のまとまりごとの評価規準例	知識・技能	思考・判断・表現	主体的に学習に取り組む態度
	化学と人間生活について，化学と物質を理解しているとともに，それらの観察，実験などに関する技能を身に付けている。	身近な物質や元素について，観察，実験などを通して探究し，科学的に考察し，表現している。	化学と人間生活に主体的に関わり，見通しをもったり振り返ったりするなど，科学的に探究しようとしている。

「単元（中項目）の評価規準」を作成する

○「知識・技能」のポイント

・「内容のまとまりごとの評価規準」を基に，該当の中項目名や小項目名を記載し，各科目の評価の観点の趣旨を踏まえて，評価規準を作成する。

○「思考・判断・表現」のポイント

・「内容のまとまりごとの評価規準」を基に，各科目の評価の観点の趣旨を踏まえて，評価規準を作成する。

○「主体的に学習に取り組む態度」のポイント

・「内容のまとまりごとの評価規準」を基に，評価規準を作成する。

【中項目の評価規準の例】

(1)ア(ア) 化学と物質 の評価規準の例

	知識・技能	思考・判断・表現	主体的に学習に取り組む態度
中項目の評価規準 例	化学と物質について，化学の特徴，物質の分離・精製，単体と化合物，熱運動と物質の三態の基本的な概念や原理・法則などを理解しているとともに，科学的に探究するために必要な観察，実験などに関する基本操作や記録などの基本的な技能を身に付けている。	化学と物質について，観察，実験などを通して探究し，科学的に考察し，表現している。	化学と物質に主体的に関わり，見通しをもったり振り返ったりするなど，科学的に探究しようとしている。

※ 作成された評価規準を，生徒や学校，地域の実態を踏まえて編成した教育課程の下で作成された指導計画に基づく授業（「学習指導」）の中で生かしていくことで，「学習評価」の充実を図り，教育活動の質の向上を図っていく。

（2）評価規準の設定について

① 評価規準の設定における基本的な考え方

理科の評価規準の設定例は，例えば，学習指導要領の化学基礎の内容（1）〜（3）のア(ア)，(イ)・・・の項目ごとに示し，各単元の評価規準を設定する際の参考となるように作成している。評価規準を設定する際は，評価の観点の趣旨を踏まえ，単元の指導のねらい，教材，学習活動等に応じて適切な単元の評価規準を設定することが大切である。

（3）各観点の特性への配慮

① 知識・技能

本観点では，生徒が自然の事物・現象についての基本的な概念や原理・法則などを理解しているかについて，発言や記述の内容，ペーパーテストなどから状況を把握する。また，生徒が自然の事物・現象についての観察，実験の基本操作を習得するとともに，観察，実験の計画的な実施，結果の記録や整理，資料の活用の仕方などを身に付けているかについて，行動の観察や記述の内容，パフォーマンステスト，ペーパーテストなどから状況を把握する。

② 思考・判断・表現

本観点では，生徒が自然の事物・現象の中に問題を見いだし，見通しをもって観察，実験などを行い，その結果を解釈し表現するなど，科学的に探究する過程において思考・判断・表現しているかを，発言や記述の内容，ペーパーテストなどから状況を把握する。

③ 主体的に学習に取り組む態度

本観点では，生徒が自然の事物・現象に主体的に関わり，見通しをもったり振り返ったりするなど，科学的に探究しようとしているかを，発言や記述の内容，行動の観察などから状況を把握する。

第2章　学習評価に関する事例について

1　事例の特徴

　　第1編第1章2（4）で述べた学習評価の改善の基本的な方向性を踏まえつつ，平成30年に改訂された高等学校学習指導要領の趣旨・内容の徹底に資する評価の事例を示すことができるよう，本参考資料における事例は，原則として以下のような方針を踏まえたものとしている。

○　単元に応じた評価規準の設定から評価の総括までとともに，生徒の学習改善及び教師の指導改善までの一連の流れを示している

　　本参考資料で提示する事例は，単元の評価規準の設定から評価の総括までとともに，評価結果を生徒の学習改善や教師の指導改善に生かすまでの一連の学習評価の流れを念頭においたものである。なお，観点別の学習状況の評価については，「おおむね満足できる」状況，「十分満足できる」状況，「努力を要する」状況と判断した生徒の具体的な状況の例などを示している。「十分満足できる」状況という評価になるのは，生徒が実現している学習の状況が質的な高まりや深まりをもっていると判断されるときである。

○　観点別の学習状況について評価する時期や場面の精選について示している

　　報告や改善等通知では，学習評価については，日々の授業の中で生徒の学習状況を適宜把握して指導の改善に生かすことに重点を置くことが重要であり，観点別の学習状況についての評価は，毎回の授業ではなく原則として単元や題材など内容や時間のまとまりごとに，それぞれの実現状況を把握できる段階で行うなど，その場面を精選することが重要であることが示された。このため，観点別の学習状況について評価する時期や場面の精選について，「指導と評価の計画」の中で，具体的に示している。

○　評価方法の工夫を示している

　　生徒の反応やノート，ワークシート，作品等の評価資料をどのように活用したかなど，評価方法の多様な工夫について示している。

2　各事例概要一覧と事例

事例1 キーワード　指導と評価の計画から評価の総括まで
物理基礎「様々な力とその働き」

　本事例は，「物理基礎(1)ア(イ) 様々な力とその働き」（全14時間）の指導と評価の計画から評価の総括までについて示している。

　このうち，第8時，第10時，第13時，第14時の各時間の観点別学習状況の評価について具体的に示している。

　第8時は，「思考・判断・表現」の評価例であり，力学台車におもりを載せるなどして質量を変えた場合について，一定の力を加えたときの加速度の大きさを調べる実験を行い，その結果を分析・解釈して，物体の質量と加速度の大きさとの量的な関係性を見いだして表現しているかを見取る例を示す。第10時は，「知識・技能」の評価例であり，鉛直投げ上げ運動を動画で撮影し，その動画を用いて，コンピュータで運動を解析するための技能を見取る例を示す。第13時は，「主体的に学習に取り組む態度」の評価例であり，糸でつないだ2物体の運動について，条件を変えたときの張力や加速度について，「これまで学習した内容」や「他者の視点」などを基に，試行錯誤しながら説明しようとする態度を見取る例を示す。第14時は，「知識・技能」の評価例であり，力の働き方，力の分解，運動の法則等と関連付けて，水平投射，自由落下，斜面上の運動について，その特徴及び物体に働く力と運動の関係について理解しているかを見取る例を示す。

　また最後に，観点別学習状況の評価の総括について示している。

事例2 キーワード　指導と評価の計画から評価の総括まで
化学基礎「物質量と化学反応式」

　本事例は，「化学基礎(3)ア(ア) 物質量と化学反応式」（全10時間）の指導と評価の計画から評価の総括までについて示している。

　このうち，第3時，第6時，第8時，第9時の各時間の観点別学習状況の評価について具体的に示している。

　第3時は，「知識・技能」の評価例であり，多量の小さな粒を数えることを通して，物質量と粒子数の関係について理解しているかを見取る例を示す。第6時は，「知識・技能」の評価例であり，決められた濃度の溶液を正しく調整する技能を身に付けているかを見取る例を示す。第8時は，「思考・判断・表現」の評価例であり，炭酸水素ナトリウムの熱分解の実験を行い，実験の結果を分析して解釈し，化学反応式の係数の比が物質量の比と関係していることを見いだして表現しているかを見取る例を示す。第9時は，「主体的に学習に取り組む態度」の評価例であり，濃度不明の塩酸の濃度を，試行錯誤しながらどのように求めようとしたかを，ワークシートの振り返りとグラフの記述を基に見取る例を示す。

　また最後に，観点別学習状況の評価の総括について示している。

事例3 キーワード 指導と評価の計画から評価の総括まで

生物基礎「神経系と内分泌系による調節」

　本事例は,「生物基礎(2)ア(ア) 神経系と内分泌系による調節」(全10時間)の指導と評価の計画から評価の総括までについて示している。

　このうち,第2時,第7時,第8時,第10時の各時間の観点別学習状況の評価について具体的に示している。

　第2時は,「思考・判断・表現」の評価例であり,踏み台昇降運動の実験を行い,その結果を基に,脚の運動と心拍数の変化との関係性を見いだして表現しているかを見取る例を示す。第7時は,「思考・判断・表現」の評価例であり,資料(グラフ)から読み取れることを既習事項と関連付けて,血糖濃度の調節とホルモンの働きとの関係性を見いだして表現しているかを見取る例を示す。第8時は,「知識・技能」の評価例であり,資料(ワークシートの図)から読み取れることを既習事項と関連付けて,血糖濃度が上昇したときの調節の仕組みを理解しているかを見取る例を示す。第10時は,「主体的に学習に取り組む態度」の評価例であり,小項目「体内環境の維持の仕組み」の学習全体を振り返って,分からなかったことや新たに疑問に思ったことをどのように解決しようとしたか,また,次の単元での学習に向けて,自分の学習方法についての課題をどのように改善していくかを表現しているかを見取る例を示す。

　また最後に,観点別学習状況の評価の総括について示している。

事例4 キーワード 「主体的に学習に取り組む態度」の評価

生物基礎「生態系とその保全」

　本事例は,「生物基礎(3)ア(イ) 生態系とその保全」(全7時間)に関する第6・7時の観点別学習状況の評価について示している。

　第6・7時は,「主体的に学習に取り組む態度」の評価例であり,生態系とその保全に関する探究活動を通して,新たな知識や自分の考えを表現したり,自らの取組や学習方法を振り返って改善策を表現したりすることにより,自己の成長や変容を表現しようとしているかを見取る例を示す。

事例5 キーワード 指導と評価の計画から評価の総括まで

地学基礎「惑星としての地球」

　本事例は,「地学基礎(1)ア(ア) 惑星としての地球」(全9時間)の指導と評価の計画から評価の総括までについて示している。

　このうち,第3・4時,第5時,第9時の各時間の観点別学習状況の評価について具体的に示している。

　第3・4時は,「思考・判断・表現」の評価例であり,エラトステネスの方法を用いて,地球の大きさを測定する実験を計画し実施しているかを見取る例を示す。第5時は,「主体的に学習に取り組む態度」の評価例であり,前時の振り返りとして,実験の誤差の原因と精度向上のための改善策について,試行錯誤しながら説明しようとしているかを見取る例を示す。第9時は,「知識・技能」の評価例であり,アルキメデスの原理を用いて,岩石の密度を調べる技能を身に付けているかを見取る例を示す。

　また最後に,観点別学習状況の評価の総括について示している。

| 事例6 | キーワード　「思考・判断・表現」の評価

地学基礎「地球の環境」

　本事例は，「地学基礎(2)ア(イ)　地球の環境」（全8時間）に関する第6・7時の観点別学習状況の評価について示している。

　第6・7時は，「思考・判断・表現」の評価例であり，資料から読み取れることを既習事項と関連付けながら，学校など日常的に活動する場で起こり得る自然災害の特徴を見いだして表現しているかを見取る例を示す。

理科　　事例1（物理基礎）

キーワード　指導と評価の計画から評価の総括まで

単元名	内容のまとまり
(イ) 様々な力とその働き	(1)「物体の運動とエネルギー」

1　単元の目標

(1) 様々な力とその働きを日常生活や社会と関連付けながら，様々な力，力のつり合い，運動の法則，物体の落下運動を理解するとともに，それらの観察，実験などに関する技能を身に付けること。

(2) 様々な力とその働きについて，観察，実験などを通して探究し，様々な力とその働きにおける規則性や関係性を見いだして表現すること。

(3) 様々な力とその働きに主体的に関わり，科学的に探究しようとする態度を養うこと。

2　単元の評価規準

知識・技能	思考・判断・表現	主体的に学習に取り組む態度
様々な力とその働きを日常生活や社会と関連付けながら，様々な力，力のつり合い，運動の法則，物体の落下運動についての基本的な概念や原理・法則などを理解しているとともに，科学的に探究するために必要な観察，実験などに関する基本操作や記録などの基本的な技能を身に付けている。	様々な力とその働きについて，観察，実験などを通して探究し，様々な力とその働きにおける規則性や関係性を見いだして表現している。	様々な力とその働きに主体的に関わり，見通しをもったり振り返ったりするなど，科学的に探究しようとしている。

3　指導と評価の計画（14時間）

時間	ねらい・学習活動	重点	記録	備考
1	・身の回りの物体に働く力として，重力，面からの抗力，糸の張力等を取り上げ，それぞれの働き方を理解する。	知		・身の回りの物体に働く力の種類と，その働き方について理解している。
2	・力の合成及び分解について考察し，合力や分力の求め方を理解する。	知		・合力及び分力の意味について作図を通して考察し，その求め方を理解している。

3	・小さなリングに複数のばねばかりを付けて同時に引く実験を行い，複数の力が働いてつり合うときの条件を見いだす。	思		・複数の力が物体に働いているとき，それらの力のつり合いの条件を見いだして表現している。
4	・身近な力を例にして，どの力についても作用と反作用の関係にある2力が存在することを理解する。	知	○	・作用と反作用の2力は別の物体に作用する力である点から，2力のつり合いとの違いを理解している。［記述分析］
5	・水中では深さに応じた水圧が働き，浮力が働くことを理解する。	知		・流体中の物体は圧力を受けることを踏まえて，浮力が働くことを理解している。
6	・物体の運動と力に関する素朴な誤概念に気付かせ，運動する物体に働く力と運動の様子を関係付けようとする。	態		・科学的な考察を通して，運動する物体に働く力と運動の様子を関係付けようとしている。
7	・水平面上で力学台車に一定の力を水平に加え，そのときの台車の運動を調べる実験を行い，力の大きさと物体の加速度の大きさとの関係を見いだして表現する。	思	○	・実験結果から，物体に働く力の大きさと加速度の大きさとの関係をグラフに表し，それらの関係を見いだして表現している。［記述分析］
8	・物体の質量と加速度の大きさとの関係を調べる実験を行い，その結果をグラフに表して規則性を見いだして表現する。	思	○	・実験の結果から，物体の質量と加速度の大きさとの関係を見いだして表現している。［記述分析］
9	・前時までの実験結果をまとめ，運動の法則を理解するとともに，運動方程式として表現できることを理解する。	知		・前時までの二つの実験を基に，運動の法則を理解し，物体の運動を運動方程式で表現できることを理解している。
10	・重力による運動の様子を動画で撮影し，その動画を基にコンピュータで解析するための技能を身に付ける。	知	○	・動画を撮影するとともに，そこからデータを取り出して分析する技能を身に付けている。［行動観察，記述分析］
11	・落体の運動について，その特徴及び働く力と運動の関係について理解する。	知		・落体の運動について，その特徴及び働く力と運動の関係について理解している。
12	・摩擦のある面で物体を引く実験を行い，静止及び運動しているときの摩擦力の違いについて見いだす。	思		・力のつり合いと運動の法則を用いて，静止摩擦力と動摩擦力の違いを見いだして表現している。
13	・糸でつないだ2物体の運動について，物体の質量を変えた場合の張力や加速度について検討し，課題を解決しようとする。	態	○	・物体のつり合いや2物体の運動について，習得した知識や技能を活用して，課題を解決しようとしている。［記述分析］
14	・様々な力とその働きに関する学習を振り返り，それらの知識を身に付けているかどうか確認する。	知	○	・様々な力とその働きに関する知識を身に付けている。［記述分析］

＊記録の欄に○が付いていない授業においても，教師が生徒の学習状況を把握し，指導の改善に生かすことが重要である。

4　観点別学習状況の評価の進め方　　知識・技能

（1）本時（第14時）のねらい

水平投射，自由落下，斜面上の運動と力の働き方，力の分解，運動の法則等の学習とを関連付け，様々な運動の特徴を理解する。

（2）評価規準

「知識・技能」

水平投射，自由落下，斜面上の運動とこれまでの学習とを関連付け，その特徴及び物体に働く力と運動の関係について理解している。

（3）評価のポイント

本時では，これまでに学習した，力の働き方，力の分解，運動の法則等と関連付けて，水平投射，自由落下，斜面上の運動について，その特徴及び物体に働く力と運動の関係について理解しているかどうかを評価する。なお，運動と力の関連についての知識・技能の評価は，単元の学習が進むにつれて理解が深まるため，本時（第14時）におけるワークシートで評価する。

（4）「知識・技能」の評価例

ここでは，ワークシートの記述を分析することにより，評価を行う。

＜ワークシートの例＞

問題

水平面から高さ h の地点に質量 m [kg]の小球A，B，Cがある。小球Aと小球Bは高さ h で静止しており，小球Cは水平面と45°をなすなめらかな斜面上で静止している。

$t=0$ [s]で小球Aを水平方向に速さ v で投射するのと同時に，小球B，Cを静かにはなしたところ，小球Bは鉛直方向に落下し，時刻 $t=3.0$ s で水平面に達した。

(1) $t=1.0$ s, 2.0 s, 3.0 s での，小球A，B，Cそれぞれの位置を図示しよう。

(2) (1)のように図示した理由を，働く力に着目して簡単に説明しよう。

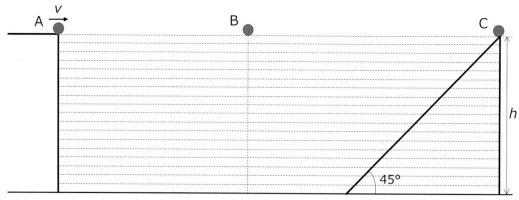

【評価Bの例】

自由落下運動や水平投射の鉛直方向の運動が等加速度直線運動であり，変位が時刻の2乗に比例することを理解している。ただし，斜面上の運動においては，加速度の大きさについては理解していない。このことから，「知識・技能」の観点で「おおむね満足できる」状況（B）と判断できる。

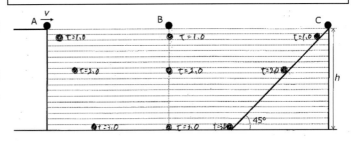

> 経路は違うが，最初の高さは同じであり，3つの小球には重力しか働かない。このことから，鉛直方向の進む距離は時間の2乗に比例し，最後は同じ点にある。

【評価Aの例】

自由落下運動と関係付けながら，水平投射運動や斜面上の落下運動の変位について，その特徴及び斜面上の物体に働く力と運動の関係について理解し，位置，力の成分，加速度など，導く過程を正しく説明している。このことから，「知識・技能」の観点で「十分満足できる」状況（A）と判断できる。

> 小球B: 鉛直下向きを正とすると，t秒後の位置は，$h-gt^2/2$となる。
> 小球A: 水平方向には等速直線運動で鉛直方向はBと同じである。
> 小球C: 斜面に沿って下向きに $mg\sin45°$の力が働き，その力の鉛直成分は $mg/2$ となる。鉛直方向について下向きを正として運動方程式をたてると，$ma=mg/2$ となることから，鉛直方向の加速度は下向きに $g/2$ となる。

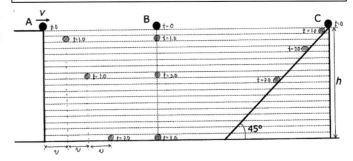

【評価Cの例】

自由落下運動の変位が時刻の2乗に比例することを理解していない。このことから，「知識・技能」の観点で「努力を要する」状況（C）と判断できる。

> 小球Aは初速Vで投げ下ろし，小球Cは初速0で斜面を下る運動であるから。

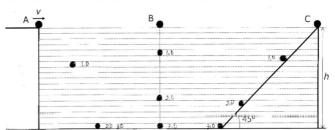

【「努力を要する」状況と評価した生徒に対する指導の手立て】

自由落下運動や水平投射の鉛直方向の運動，斜面上の運動が等加速度直線運動であることを確認して，これまでに行った観察，実験の結果などから，変位の規則性に気付くことができるよう支援する。

5 観点別学習状況の評価の進め方　知識・技能

（1）本時（第10時）のねらい

重力による運動の様子を動画で撮影し，その動画を用いて運動を解析するための技能を身に付ける。

（2）評価規準

「知識・技能」

重力による運動の様子を動画で撮影し，その動画を用いて運動を解析するための技能を身に付けている。

（3）評価のポイント

本時では，鉛直投げ上げ運動を動画で撮影し，その動画を用いて，コンピュータで運動を解析するための技能を身に付けているかを評価する。なお，「様々な力とその働き」の学習を進める過程で，運動を解析するための技能を身に付けることが大切である。

（4）指導と評価の流れ

学習場面	学習活動	学習活動における具体の評価規準	評価方法
導入	・スローモーション動画の仕組みを知る。 課題：スマートフォンやタブレットなどのスローモーション動画撮影機能と，コンピュータの運動解析ソフトを使って，鉛直投げ上げ運動の様子を調べよう。		
展開	・スマートフォンのスローモーション動画撮影機能や，ＰＣの運動解析ソフトを使って，鉛直投げ上げ運動の様子を調べる方法を知る。 ・鉛直投げ上げ運動の様子をスローモーション動画で撮影する。 ・撮影した動画を処理し，得られたデータを基に，時間と位置，速度，加速度の関係を表すグラフなどを作成する。	・運動を解析するために適切な動画を撮影する技能と，その動画を基に，表計算ソフトなどを用いて鉛直投げ上げ運動の様子をデータの形で記録して処理する技能を身に付けている。	行動観察 ワークシート
まとめ	・動画撮影の方法と，コンピュータを用いた運動解析の方法についてまとめる。		

（5）「知識・技能」の評価例

ここでは，行動観察及びワークシートの記述を分析することにより，評価を行う。

【評価Bの例】

運動解析に適した動画を撮影することができ，その後，運動解析ソフトによる処理で鉛直投げ上げ運動の時間と位置のデータを取得し，表計算ソフトを用いて，投げ上げた小球の位置と時間の関係を表している。このことから，知識・技能の観点で「おおむね満足できる」状況（B）と判断できる。

t	y
0	0
0.0041667	0.00476
0.0083333	0.00917
0.0125	0.01322
0.0166667	0.01728
0.0208333	0.02116
0.025	0.02486
0.0291667	0.02839
0.0333333	0.03156
0.0375	0.03491
0.0416667	0.03808
0.0458333	0.04073
0.05	0.04338
0.0541667	0.04602
0.0583333	0.04831
0.0625	0.0506

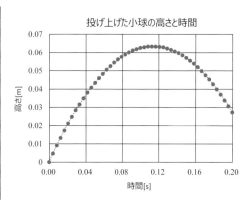

【評価Aの例】

運動解析に適した動画を撮影することができ，その後，運動解析ソフトによる処理で鉛直投げ上げ運動の時間と位置のデータを取得し，表計算ソフトを用いて，投げ上げた小球の位置と時間の関係，小球の速度と時間の関係を表し，加速度を導いている。このことから，知識・技能の観点で「十分満足できる」状況（A）と判断できる。

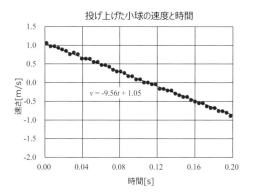

【評価Cの例】

運動解析に適した動画を撮影することができない場合や，撮影した動画から運動に関するデータを処理できない場合は，知識・技能の観点で「努力を要する」状況（C）であると判断できる。

【「努力を要する」状況と評価した生徒に対する指導の手立て】

上記のような場合に対しては，動画が静止画のつながりであることと，その静止画の間隔が1/240秒であることを確認し，運動解析に適した動画が撮影できるように個別に支援する。また，動画を再生したときに，1コマごとの移動距離が時間ごとに変化している特徴を捉えさせた上で，運動解析ソフトと表計算ソフトで運動解析ができるように個別に支援する。

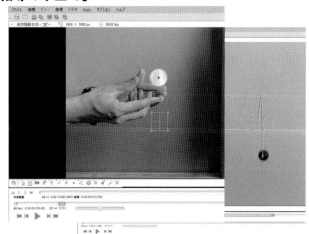

6　観点別学習状況の評価の進め方　　思考・判断・表現

（1）本時（第8時）のねらい

　　一定の力が働く物体について，その質量と加速度の大きさの関係を調べる実験を行い，その結果をグラフに表して規則性を見いだして表現する。

（2）評価規準

「思考・判断・表現」

　　実験の結果から，物体の質量と加速度の大きさの関係を見いだして表現している。

（3）評価のポイント

　　本時では，力学台車におもりを載せるなどして質量を変えた場合について，一定の力を加えたときの加速度の大きさを調べる実験を行い，その結果を分析・解釈して，物体の質量と加速度の大きさとの量的な関係性を見いだして表現しているかを評価する。

（4）指導と評価の流れ

学習場面	学習活動	学習活動における具体の評価規準	評価方法
導入	・前時の学習（質量が一定のときの加速度と力の関係）を確認する。		
	課題：台車に一定の力を加えたときの，台車の質量と加速度との関係を調べよう。		
展開	・台車におもりを載せるなどして質量を変えて，一定の力を加えたときの加速度の大きさを調べる実験を行う。 ・横軸に質量，縦軸に加速度の大きさをとり，実験結果をグラフに表す。 ・実験で得られたグラフが示す関係性や規則性を調べて見いだしたことを，根拠を示して表現したり，グラフを示して説明したりする。	・実験の結果から，物体の質量と加速度の大きさの関係を見いだして表現している。	ワークシート
まとめ	・質量と加速度の関係についてクラスで共有する。また，前時の結果と合わせて，力と質量と加速度の関係についてもまとめる。		ワークシート

（5）「思考・判断・表現」の評価例

　ここでは，ワークシートの記述を分析することにより，評価を行う。

【評価Bの例】

　実験結果を基に，質量と加速度の関係が反比例であることを記載しているが，規則性を調べるための方法として，曲線のグラフのみから，反比例と判断している。このことから，思考・判断・表現の観点で「おおむね満足できる」状況（B）と判断できる。

> 曲線のグラフから,台車にはたらく力を一定にして,台車の質量のみを変えたとき,加速度の大きさは台車の質量に反比例する。

【評価Aの例】

　実験結果を基に，質量と加速度の関係について分析し，それらの関係が反比例であることを，根拠を明確にして記載している。このことから，思考・判断・表現の観点で「十分満足できる」状況（A）と判断できる。

> 実験結果から,質量と加速度の積をxとすると,どの質量においてもxはほぼ一定となった。
> このことから,台車の質量のみを変えたとき,加速度の大きさは台車の質量に反比例する。

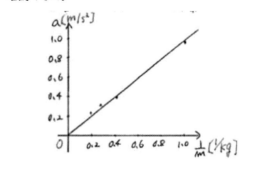

> 加速度 a と質量の逆数 $1/m$ との関係をグラフで表したら,比例関係を示した。a が $1/m$ に比例するということから,加速度の大きさは質量に反比例することが確認できた。

【評価Cの例】

　実験結果を基に，質量と加速度の関係について定性的に捉えているが，それらの関係について定量的に捉えていない。このことから「思考・判断・表現」の観点で「努力を要する」状況（C）と判断できる。

> 質量が大きいほど加速度が小さくなる。

【「努力を要する」状況と評価した生徒に対する指導の手立て】

　上記のような場合に対しては，実験の目的や要因を再確認し，実験結果から質量と加速度の関係を定量的に捉えることができるように支援する。

7　観点別学習状況の評価の進め方　主体的に学習に取り組む態度

（1）本時（第13時）のねらい

　　運動の法則に関する知識及び技能を活用して，糸でつないだおもりと力学台車について，力学台車が固定されているときの張力，おもりや力学台車の質量を変えたときの張力や加速度について，試行錯誤しながら説明しようとする。

（2）評価規準

「主体的に学習に取り組む態度」

　　糸でつないだ2物体の運動について，条件を変えたときの張力や加速度について，試行錯誤しながら説明しようとしている。

（3）評価のポイント

　　糸でつないだ2物体の運動について，条件を変えたときの張力や加速度について，「これまで学習した内容」や「他者の視点」などを基に，試行錯誤しながら課題を説明しようとしているかをワークシートの振り返りの記述を基に評価する。なお，本事例では，第13時の生徒の変容を見取る例を示しているが，「主体的に学習に取り組む態度」の評価について，単元を通して，生徒の変容を見取ることも大切である。

（4）指導と評価の流れ

学習場面	学習活動	学習活動における具体の評価規準	評価方法
導入	・運動の法則について復習する。 　課題：糸でつないだ2物体の運動について，条件を変えたときの張力や加速度について説明しよう。		
展開	・2物体が静止しているときと動き出した後での張力の大きさについて考える。 ・力学台車の質量を大きくしたときの運動について考える。さらに，その質量を2倍，3倍にしたときの運動についても考える。 ・おもりの質量を大きくしたときの運動についても同様に考える。 ・各課題に対して，個人で予想して実験を行う。その後，考察を行い，班で議論し，各班の考察内容をクラス全体で共有する。	・2物体の運動について，条件を変えたときの張力や加速度について，試行錯誤しながら説明しようとしている。	ワークシートA ワークシートB
まとめ	・本時の学習の振り返りを行い，ワークシートBの振り返りに記述する。		ワークシートB

※展開のワークシートA，Bについては，次ページ以降に一部掲載

ワークシートA

課題

Q1 右図のように，なめらかな水平面に置いた質量 M の台車 A を糸 1 で壁に
つないで固定し，さらに糸 2 で滑車を介して質量 m のおもり B と結び付
けた。台車 A とおもり B にはたらく糸 2 の張力の大きさ T_A, T_B の大小関
係を求めよう。また，T_A の大きさはいくらだろう。

　　＜選択肢＞ ① $T_A = T_B$　② $T_A > T_B$　③ $T_A < T_B$

　　＜選択肢＞ ① $T_A = mg$　② $T_A = Mg$　③ $T_A = (M+m)g$

　　　　　　　④ $T_A = (m-M)g$　⑤ $T_A = (M-m)g$

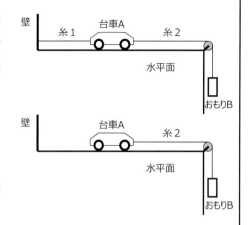

Q2 糸 1 を切り，動き出したとき，台車 A とおもり B にはたらく糸 2 の張力の大
きさ T_A', T_B' の大小関係を求めよう。

　　＜選択肢＞ ① $T_A' = T_B'$　② $T_A' > T_B'$　③ $T_A' < T_B'$

Q3 静止しているときの台車 A にはたらく糸 2 の張力の大きさ T_A と動いているときの糸 2 の張力の大きさ T_A' の大小関係を求めよう。
また，その理由を考えよう。

　　＜選択肢＞ ① $T_A' = T_A$　② $T_A' > T_A$　③ $T_A' < T_A$

*自分で考えをまとめ，そう考えた理由を記述しよう。実験後，結果を基に理由を記述しよう。次に，班で話し合ってまとめよう。その
時，他の人の考えを聞いて気付いたことや，深まったことを記録しよう。

自分の考え		まわりの人の考え方で参考になったもの
実験前の予想 Q1 　　　　　Q2 　　　　　Q3	実験後 Q1 　　　 Q2 　　　 Q3	
話し合い後 （正答例1）はじめ B は静止しているので $T_B = mg$ 　　　　　　動き出すと B は，下向きに加速するので $T_B' < mg$ 　　　　　　よって $T_B' < T_B$ 　　　　　　$T_A = T_B$ かつ $T_A' = T_B'$ なので $T_A' < T_A$ （正答例2）静止していると $T_B = T_A = mg$ 　　　　　　ここでは，$M=m$ として運動方程式を立てる 　　　　　　A：$ma = T_A'$ ……① 　　　　　　B：$ma = mg - T_A'$ ……② 　　　　　　①②より $a = \frac{1}{2}g$　$T_A' = \frac{1}{2}mg$　よって　$T_A' < T_A$		

振り返り（ワークシートAのみで授業が終わる場合）

・張力や加速度の大きさについて考察する過程で，「これまで学習した内容」や「他者の視点」などを基に，どのように課題を解決しようとしましたか。学
習前後の考えを比較して記述しましょう。

課題

Q4 図のように，質量 M の台車 A と質量 m のおもり B を糸でつなぎ運動させた。

　　このとき，台車 A の質量を大きくすると張力の大きさはどうなるだろうか。また，

　　台車 A やおもり B の加速度の大きさはどうなるだろうか。

　　＜選択肢＞　①変わらない　②大きくなる　③小さくなる

壁　　台車A　　糸

水平面

おもりB

Q5 図のように，質量 M の台車 A と質量 m のおもり B を糸でつなぎ運動させた。

　　このとき，台車の質量を 2 倍 3 倍にすると張力の大きさや加速度の大きさはどうなるだろうか。

＜理由を説明しよう＞

自分の考え		まわりの人の考え方で参考になったもの
実験前の予想 Q4 　　　　　　Q5	実験後 Q4 　　　　Q5	

（Q4　正答例）Aの質量を大きくしていくと加速度が小さくなるので，Bにはたらく張力 T_B が大きくなる。よって，それと同じ大きさのAにはたらく張力 T_A も大きくなる

（Q5　正答例2）運動方程式を立てると

　　　　A：$Ma = T$ ……①

　　　　B：$ma = mg - T$ ……②　①②より $a = \dfrac{m}{M+m}g$　$T = \dfrac{Mm}{M+m}g$

$M = m$ のとき，$a = \dfrac{1}{2}g$　$T = \dfrac{m}{2}g$　$M = 2m$ のとき，$a = \dfrac{1}{3}g$　$T = \dfrac{2m}{3}g$

よって，張力は大きくなり，加速度は小さくなるが 2 倍と $\dfrac{1}{2}$ 倍ではない

気付きや疑問　新たに探究したいこと

Q6 台車 A の質量 M をさらに大きくしていくと張力の大きさ T や加速度の大きさ a は，どうなるだろうか。グラフを描いて考えてみよう。

（正答例）

例えば，$M = 1000m$ を代入すると $a = \dfrac{m}{1000m+m}g \fallingdotseq 0$　$T = \dfrac{1000 \times m}{1000m+m}g \fallingdotseq mg$

加速度が 0 に近づき，張力は mg に近づいていく→静止状態に近づいていく

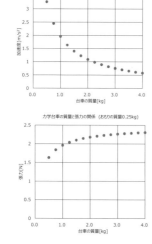

振り返り

・張力や加速度の大きさについて考察する過程で，「これまで学習した内容」や「他者の視点」などを基に，どのように課題を解決しようとしましたか。学習前後の考えを比較して記述しましょう。

本時では，図1のように，力や位置，変位などを測定できるセンサをもつ力学台車を用いて実験を行い，表計算ソフトを用いることで，張力と経過時間の関係を調べたり，速度と経過時間の関係を調べたりした。また，速度と時間経過のグラフの傾きから加速度を求めた。

　なお，加速度は，P.57で示した運動解析の方法で求めたり，記録タイマーやセンサを利用して求めたりするなど，多様な方法が考えられる。また，張力は，図2のように，軽いばねはかりを用いて調べることも考えられる。

図1　センサを利用して張力を計測している様子

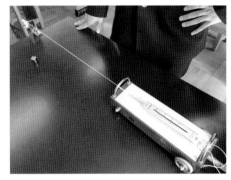

図2　軽いばねばかりを利用して張力を計測している様子

（センサによる実験データの一部）

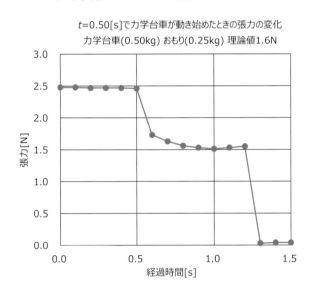

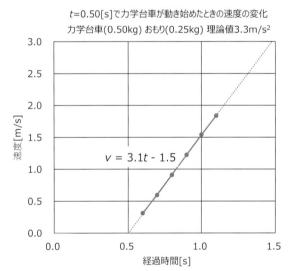

（参考）

・それぞれの課題について，まず，自分で考えをまとめ，そう考えた理由を記述する。さらに，班で話し合ってまとめる。その際，他者の考えを聞いて参考になったこと，他者の考えを聞いて気付いたこと，考えの変容，疑問を基に新たに探究したいことなどを記録するように指導する。

・ワークシートBにおいては，具体的な数値を用いることも考えられる。

（5）「主体的に学習に取り組む態度」の評価例

ここでは，ワークシートの振り返りの記述を分析することにより，評価を行う。

【評価Bの例】

張力や加速度の大きさについて考察する過程において，「他者の視点」について記述しており，対話を通して試行錯誤しながら課題を解決しようとしていることが分かる。このことから，主体的に学習に取り組む態度の観点で「おおむね満足できる」状況（B）と判断できる。

> 予想と実験結果の違いに驚いた。課題1では T_A と T_A' は同じだと考え，課題2，3はどう考えれば説明できるか分からなかったが，話合いの中で，条件を変える変数に具体的な値を入れて，比較すると考えやすくなることに気付いた。

【評価Aの例】

張力や加速度の大きさについて考察する過程において，「他者の視点」，「これまで学習したことをどのように活用したのか」について記述しており，他者の考えを取り入れたり，単元全体で学んだことを確認したりして試行錯誤しながら課題を解決しようとしていることが分かる。このことから，主体的に学習に取り組む態度の観点で「十分満足できる」状況（A）と判断できる。

> はじめは，質量を変えた物体だけに注目して考えていたが，話合いの中で，それと連動して動くもう一つの物体にどのような影響が出るかに着目して考えることが大切であることに気付いた。さらに，極端な例を想定してみようという意見を参考にすることで，考えを整理しやすくなった。また，考察していく中で運動方程式の活用や文字を用いて表すことの有用性を再認識した。今後，摩擦の影響について調べてみたいと思った。

> 張力や加速度について，自分の感覚や経験，イメージだけで捉えていたが，話合いの中で，根拠を探りながら力の図示やグラフを活用したり，情報を書き出して整理し，運動方程式を立てたりして，論理的に考えることの大切さを感じた。また，おもりを引き上げるときの張力の大きさを考えてみると，エレベータでは，静止しているときにロープで支えられていても，上昇し始めると張力が大きくなると思った。

【評価Cの例】

実験の結果だけを記述しており，試行錯誤しながら課題を解決しようとしていない。このことから，「主体的に学習に取り組む態度」の観点で「努力を要する」状況（C）と判断できる。

> 張力の大きさや加速度の大きさは，状況によって変わることが分かった。

【「努力を要する」状況と評価した生徒に対する指導の手立て】

最初に学習のねらいを確認し，物体に働く力を図示したり，これまでに学習した運動の法則についての学習を想起させたりして思考を促す。その上で，各物体に働く力に着目して運動方程式を立てること，図やグラフを活用すること，他者の考えからの気付きを記録して思考することなどを助言する

ことで，試行錯誤しながら自分の考えを深めるように指導することが考えられる。これらのことにより，疑問をもつことの大切さや，見通しをもって実験などを行い，その結果を分析，解釈することや，課題の解決に向けて話合いなどをして，他者の視点も取り入れることの意義や有用性を実感できるようにしていくことが大切である。

8　観点別学習状況の評価の総括

単元の指導と評価の計画に基づき，評価方法を工夫して行い，観点ごとに総括した事例を紹介する。

時	学習活動	知	思	態	生徒の様子
1	・身の回りの物体に働く力の働き方を理解する。				・身の回りの物体に働く力の種類と，その働き方を理解した。
2	・合力や分力の求め方を理解する。				・合力及び分力の意味について作図を通して考察し，その求め方を理解した。
3	・複数の力が働いてつり合うときの条件を見いだす。				・複数の力が物体に働いているとき，それらの力のつり合いの条件を見いだして表現した。
4	・作用・反作用と2力のつり合いとの違いを理解する。	A			・作用・反作用と2力のつり合いとの違いを理解した。
5	・水圧及び浮力が働くことを理解する。				・流体中の物体は圧力を受けることを踏まえて，浮力が働くことを理解した。
6	・運動する物体に働く力と運動の様子を関係付けようとする。				・運動する物体に働く力と運動の様子を関係付けようとした。
7	・力の大きさと物体の加速度の大きさとの関係を見いだして表現する。		B		・実験結果から，力と加速度の関係をグラフに表し，関係性を見いだして表現した。
8	・物体の質量と加速度の大きさとの関係を見いだして表現する。		A		・実験の結果を適切に検証し，物体の質量と加速度の大きさとの関係を見いだして表現した。
9	・運動の法則及び運動方程式について理解する。				・これまでの二つの実験結果を総合的に検討して，物体の運動を定量的に理解した。
10	・重力による運動の様子を動画で撮影して，コンピュータで解析する。	B			・動画を適切に撮影するとともに，そこからデータを取り出して分析する技能を身に付けた。
11	・落体の運動について理解する。				・落体の運動について，その特徴及び働く力と運動の関係について理解した。
12	・静止摩擦力と動摩擦力の違いを見いだす。				・静止摩擦力と動摩擦力の違いを見いだして表現した。
13	・条件を変えた場合の力や加速度の大きさについて検討し，課題を解決する。			B	・物体が受ける力や物体の加速度について，これまでに習得した知識や技能を活用しながら検討し，課題を解決しようとした。
14	・様々な力とその働きに関する学習を振り返り，確認する。	B			・様々な力とその働きに関する知識に基づき，物体の運動について理解した。
ペーパーテスト（定期考査等）		A	B		
単元の総括		A	B	B	

・「知識・技能」は，第4時・第14時で「知識」を，第10時で「技能」を，更にペーパーテストで評価した。その結果，「ＡＢＢＡ」となることから，総括して「Ａ」とした。

・「思考・判断・表現」は，第7時・第8時とペーパーテストで評価し，「ＢＡＢ」となることから，総括して「Ｂ」とした。

・「主体的に学習に取り組む態度」は，第13時で「Ｂ」と評価し，単元を通しての総括として「Ｂ」とした。

理科　　事例2（化学基礎）

キーワード　指導と評価の計画から評価の総括まで

単元名	内容のまとまり
(7) 物質量と化学反応式	(3)「物質の変化とその利用」

1　単元の目標

(1) 物質量と化学反応式について，物質量，化学反応式を理解するとともに，それらの観察，実験などに関する技能を身に付けること。

(2) 物質量と化学反応式について，観察，実験などを通して探究し，物質の変化における規則性や関係性を見いだして表現すること。

(3) 物質量と化学反応式に主体的に関わり，科学的に探究しようとする態度を養うこと。

2　単元の評価規準

知識・技能	思考・判断・表現	主体的に学習に取り組む態度
物質量と化学反応式について，物質量，化学反応式の基本的な概念や原理・法則などを理解しているとともに，科学的に探究するために必要な観察，実験などに関する基本操作や記録などの基本的な技能を身に付けている。	物質量と化学反応式について，観察，実験などを通して探究し，物質の変化における規則性や関係性を見いだして表現している。	物質量と化学反応式に主体的に関わり，見通しをもったり振り返ったりするなど，科学的に探究しようとしている。

3　指導と評価の計画（10時間）

時間	ねらい・学習活動	重点	記録	備　考
1	・同数のゴマの質量と大豆の質量との関係から，^{12}C を基準とする相対質量及び原子量について説明する。	思		・同数のゴマの質量と大豆の質量との関係から，^{12}C を基準とする相対質量及び原子量について説明している。
2	・いろいろな分子について，分子量が構成原子の原子量の総和で表されることを理解する。 ・組成式で表される物質について，式量が構成原子の原子量の総和で表されることを理解する。	知		・分子量や式量が構成する原子の原子量の総和で表されることを理解している。

3	・多量の小さな粒（米粒や小豆など）を数えることを行い，より効率的に数える方法を理解する。 ・粒子の数に基づく量の表し方である物質量を理解する。	知	○	・多量の小さな粒を数えることを通して，効率的に数える方法を個人またはグループで協議し，物質量について理解している。［記述分析］
4	・具体的な物質を用いて，物質量と粒子数，質量，気体の体積との関係を説明する。	思		・物質量と粒子数，質量，気体の体積との関係を説明している。
5	・溶液の体積と溶質の物質量との関係を表すモル濃度を理解する。 ・水溶液に含まれる溶質の質量を求め，質量パーセント濃度とモル濃度の違いを理解する。	知		・質量パーセント濃度とモル濃度の違いを理解している。
6	・決められた濃度の溶液を正しく調製する技能を身に付ける。	知	○	・適切な実験器具を用い，適切な手順で決められた濃度の溶液を正しく調製する技能を身に付けている。［行動観察，記述分析］
7	・化学変化の前後で原子の数や種類が変わらないことを基に，粒子のモデルを用いて化学反応式の係数を決定できることを説明する。	思		・化学変化の前後で原子の数や種類が変わらないことを基に，粒子のモデルを用いて化学反応式の係数を決定できることを説明している。
8	・化学反応式の係数の比が，何に関係しているのか予想する。 ・化学反応式の係数の比が，物質量の比と関係していることを見いだして表現する。	思	○	・化学反応式の係数の比が，何に関係しているのか予想している。 ・化学反応式の係数の比が，物質量の比と関係していることを見いだして表現している。［記述分析］
9	・過不足のある化学反応について，これまで学習した化学反応式の量的関係の知識を活用して，実験を通して課題を解決しようとする。	態	○	・過不足のある化学反応について，これまで学習した化学反応式の量的関係の知識を活用して，実験を通して課題を解決しようとしている。［記述分析］
10	・物質量と化学反応式に関する学習を振り返り，それらの知識を概念的に理解しているかどうかを確認する。	知	○	・物質量と化学反応式に関する知識を概念的に理解している。［記述分析］

＊記録の欄に○が付いていない授業においても，教師が生徒の学習状況を把握し，指導の改善に生かすことが重要である。

4　観点別学習状況の評価の進め方　知識・技能

（1）本時（第3時）のねらい

　　粒子の数に基づく量の表し方である物質量について理解する。

（2）評価規準

「知識・技能」

　　多量の小さな粒を数えることを通して，粒子の数に基づく量の表し方である物質量について理解している。

（3）評価のポイント

　　多量の小さな粒を数えることを通して，物質量と粒子数との関係について理解しているかどうかを評価する。

（4）指導と評価の流れ

学習場面	学習活動	学習活動における具体の評価規準	評価方法
導入	・原子などの小さな粒の質量を相対質量として扱っていることを振り返る。 ・多量の小さな粒を効率的に数えるための方法を考え，実際に粒の数を数える。	・粒を数える方法を考え，記述している。	
展開	課題：多量の小さな粒を効率的に数えることを通して，物質量と粒子数との関係について説明しよう。		
	・1粒ずつ数えることは非効率的なので，効率的に数える方法について考える（個人→グループ）。	・効率的に数える方法を考え，記述している。	ワークシート
	・容器1杯に何粒入るか数え，その容器何杯分かを測定し，大量の粒の数を計算する。	・考えた方法に基づき，実験を行い，粒の数を計算している。	
	・多量の小さな粒を数えることとの関連を踏まえて，6×10^{23} 個を 1 mol として物質量を定義していることを記述する。	・物質量と粒子数の関係についてまとめている。	ワークシート
まとめ	・物質量についてまとめる。		

（5）「知識・技能」の評価例

【評価Bの例】

　物質量と粒子数との関係について記述している。このことから，知識・技能の観点で「おおむね満足できる」状況（B）と判断できる。

> 原子や分子の粒は，6×10^{23} 個で1つのまとまりとして，これを1mol という。これが物質量である。

【評価Aの例】

　小さな粒を効率的に数えることと物質量との関連を踏まえて，物質量と粒子数との関係について記述している。このことから，知識・技能の観点で「十分満足できる」状況（A）と判断できる。

> 多数の粒の個数を数える場合，1粒ずつ数えるのではなく，「容器の中に入った1杯分の個数」×「容器何杯分」で考えることができる。原子や分子の粒は，1杯分が 6×10^{23} 個でこれを1molといい，これが物質量である。小さな粒を数えることで，物質量と粒子数の関係を実感することができた。

【評価Cの例】

　粒を数えることの感想は記述されているが，物質量と粒子数との関係に関する記述がない。このことから，知識・技能の観点で「努力を要する」状況（C）と判断できる。

> 粒を数えるのはおもしろかったが大変だった。

【「努力を要する」状況と評価した生徒に対する指導の手立て】

　鉛筆の本数を数える際の「ダース」や米を量る際の「カップ」など，身の回りの生活に結び付いている事例に気付かせ，粒子の数を一定のまとまりで考える方法を実感できるように指導することにより，物質量の理解につなげる。

5 観点別学習状況の評価の進め方　知識・技能

（1）本時（第6時）のねらい

　　決められた濃度の溶液を正しく調製する技能を身に付ける。

（2）評価規準

「知識・技能」

　適切な実験器具を用い，適切な手順で決められた濃度の溶液を正しく調製する技能を身に付けている。

（3）評価のポイント

　本時では，適切な実験器具を用い，適切な手順で決められた濃度の溶液を正しく調製する技能が身に付いているかどうかを，行動観察とワークシートの記述から評価する。

＜ワークシートの一部＞

0.1 mol/L 塩化ナトリウム水溶液 100 mL を調製する方法について，実験器具名などを示しながら，他の生徒が再現できるように書きなさい。

（4）指導と評価の流れ

学習場面	学習活動	学習活動における具体の評価規準	評価方法
導入	・質量パーセント濃度とモル濃度の違いを確認する。		
展開	課題：0.1 mol/L 塩化ナトリウム水溶液 100 mL を調製するとともに，その方法を書きなさい。		
	・0.1 mol/L塩化ナトリウム水溶液100mLを調製する手順を確認する。 ・グループで，溶液調製の操作手順が適切かについて協議して確認する。 ・溶液を調製する。	・適切な溶質の質量を求めている。 ・実験器具を用い，適切な操作手順で調製している。 ・「標線にあっているか」等のメスフラスコの使い方について行動観察する。	行動観察
まとめ	・0.1 mol/L塩化ナトリウム水溶液100mLを調製する操作手順について記述する。	・溶液の調製について，他の生徒が再現できるように操作手順を示している。	ワークシート

（5）「知識・技能」の評価例

ここでは，行動観察及びワークシートの記述を分析することにより評価する。

【評価Bの例】

0.1 mol/L 塩化ナトリウム水溶液 100 mL を正しく調製している状況が見られ（行動観察），0.1 mol/L 塩化ナトリウム水溶液 100 mL を調製する方法を記述している。このことから，知識・技能の観点で「おおむね満足できる」状況（B）と判断できる。

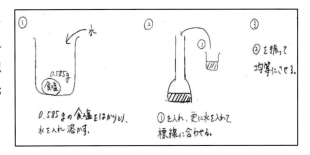

【評価Aの例】

0.1 mol/L 塩化ナトリウム水溶液 100 mL を正しく調製している状況が見られ（行動観察），0.1 mol/L 塩化ナトリウム水溶液 100 mL を調製する方法を，他の生徒が再現できるように，実験器具名と操作手順を明確に示しながら記述している。このことから，知識・技能の観点で「十分満足できる」状況（A）と判断できる。

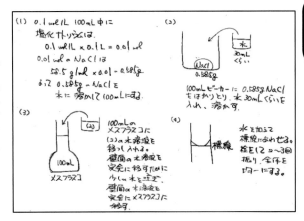

【評価Cの例】

0.1 mol/L 塩化ナトリウム水溶液 100 mL を正しく調製している状況が見られず（行動観察），0.1 mol/L 塩化ナトリウム水溶液 100 mL を調製する方法を記述できていない。このことから，知識・技能の観点で「努力を要する」状況（C）と判断できる。

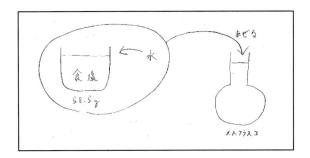

【「努力を要する」状況と評価した生徒に対する指導の手立て】

溶液を調製する方法を確認しながら個別に支援する。さらに，その操作をフローチャートにするなど生徒の思考を整理する場面を設定することが考えられる。

6 観点別学習状況の評価の進め方　思考・判断・表現

（1）本時（第8時）のねらい

　炭酸水素ナトリウムの熱分解の実験を行い，化学反応式の係数の比は物質量の比に関係していることを見いだして表現する。

（2）評価規準

「思考・判断・表現」

　実験の結果を考察して，化学反応式の係数の比は物質量の比に関係していることを見いだして表現している。

（3）評価のポイント

　本時では，「実験の結果から，化学反応式の係数の比は何に関係していると考えられるか」という課題を設定する。その際，中学校の学習を振り返り，予想させた上で実験を行うことが大切である。実験の結果を基に化学反応式の係数の比が物質量の比に関係していることを見いだして表現しているかを評価する。

（4）指導と評価の流れ（第8時）

学習場面	学習活動	学習活動における具体の評価規準	評価方法
導入	・中学校で学習した化学反応に関する法則を振り返る。 ・化学反応式の係数の比が何に関係しているのかを予想する。		
展開	課題：実験の結果から，化学反応式の係数の比は何に関係していると考えられるか。 ・予想したことを確かめるための実験の方法を計画し，実験を行う。 ・クラス全体で実験の結果を共有する。 ・反応した炭酸水素ナトリウムと生成した炭酸ナトリウムの物質量を求め，物質量の比と化学反応式の係数の比を比較する。	・実験の結果を基に，根拠を示して，化学反応式の係数の比は物質量の比と関係していることを見いだして表現している。	ワークシート
まとめ	・本時の学習の振り返りを行う。		

（5）「思考・判断・表現」の評価例

　　ここでは，ワークシートの記述を分析することにより，評価を行う。

【評価Bの例】

　化学反応式の係数の比は物質量の比に関係していることを記述している。このことから，思考・判断・表現の観点で「おおむね満足できる」状況（B）と判断できる。

> 実験結果から，化学反応式の係数の比は反応した炭酸水素ナトリウムと炭酸ナトリウムの物質量の比と関係していることが分かった。

【評価Aの例】

　具体的な実験の結果を基に，化学反応式の係数の比は物質量の比に関係していることを記述している。このことから，思考・判断・表現の観点で「十分満足できる」状況（A）と判断できる。

> 反応した炭酸水素ナトリウムと生成した炭酸ナトリウムの質量は 2.0g と 1.3g であり，物質量を計算すると 0.024mol と 0.012mol となり，その比は 2:1 となった。求めた物質量と化学反応式　$2NaHCO_3 \rightarrow Na_2CO_3 + CO_2 + H_2O$ の係数を比較するとどちらも 2:1 となり，化学反応式の係数の比は物質量の比を表していることが分かった。

【評価Cの例】

　化学反応式の係数の比は，質量の比と関係ないことは見いだしているが，反応した物質と生成した物質の物質量の比に関係していることを記述していない。このことから，思考・判断・表現の観点で「努力を要する」状況（C）と判断できる。

> 化学反応式の係数の比は，質量の比と関係ないことが分かった。

【「努力を要する」状況と評価した生徒に対する指導の手立て】

下図のようなワークシートを提示して，根拠に基づいて説明できるように個別に支援する。

〈ワークシートの例〉

下線部の空白を埋めながら，考察を書いてみましょう。

化学反応式の係数の比は，＿＿＿＿＿＿＿＿＿＿＿と一致していると考えた。

その理由(根拠)は，

化学反応式は ＿＿＿＿＿＿＿＿＿＿＿＿＿＿＿＿＿＿＿＿ と表され，

反応した $NaHCO_3$ は＿＿＿＿g, 生成した Na_2CO_3 は＿＿＿＿g, 物質量を求めてみると，
$NaHCO_3$ は＿＿＿＿＿mol, Na_2CO_3 は＿＿＿＿＿mol となり，

化学反応式における炭酸水素ナトリウムと炭酸ナトリウムの係数比は，＿＿：＿＿であり，
実験結果で求めたそれらの物質量の比は＿＿：＿＿であることから，

化学反応式の係数の比は，＿＿＿＿＿＿＿＿＿＿＿＿＿＿＿＿＿＿＿＿。

第3編
事例2

（参考）

本事例では，「実験の結果から，化学反応式の係数の比は何に関係していると考えられるか」という課題を設定している。多くの生徒は，質量に着目して「化学反応式の係数の比は質量の比に関係しているではないか」と予想すると考えられるが，実験の結果が予想と異なることから，生徒が興味をもって取り組めるような授業を構成している。化学反応式の係数の比が，反応物と生成物の質量の比を表しているのではなく，物質量の比を表していることに気付かせ，化学反応の量的関係を物質量で表すことの有用性を感じさせることが大切である。

7　観点別学習状況の評価の進め方　主体的に学習に取り組む態度

（1）本時（第9時）のねらい

　濃度不明の塩酸に炭酸カルシウムを加えていく実験を行い，グラフの作成を通して，塩酸の濃度を求める。

（2）評価規準

「主体的に学習に取り組む態度」

　濃度不明の塩酸に炭酸カルシウムを加えていく実験を行い，グラフの作成を通して，試行錯誤しながら塩酸の濃度を求めようとしている。

（3）評価のポイント

　濃度不明の塩酸の濃度を，試行錯誤しながらどのように求めようとしたかを，グラフと振り返りの記述を基に評価する。なお，グラフについては，正しく記述されているかどうかを見取るのではなく，試行錯誤している状況を見取る。

第3編
事例2

（4）指導と評価の流れ

学習場面	学習活動	学習活動における具体の評価規準	評価方法
導入	・化学反応式の量的関係を復習する。		
	課題：濃度不明の塩酸 50mL に炭酸カルシウムを加える実験を行い，グラフの作成を通して，塩酸の濃度を求めよう。		
展開	・加える炭酸カルシウムの質量を変えて，発生する二酸化炭素の質量を調べ，その関係をグラフに示す。	・グラフの作成を通して，試行錯誤しながら濃度不明の塩酸の濃度を求めようとしている。	ワークシート
まとめ	・観察，実験で気付いたことをまとめる。 ・グループで考察を共有し，対話を通して考えを深める。	・学習の前後を振り返って，実験の結果を基に，試行錯誤しながら課題を解決しようとしている。	ワークシート

　展開のワークシートについては，次ページ以降に掲載している。

〈ワークシートの例〉

課題：濃度不明の塩酸 50mL に炭酸カルシウムを加える実験を行い，グラフの作成を通して，
　　　塩酸の濃度を求めよう。

試薬　濃度不明の塩酸 50mL　炭酸カルシウム
器具　コニカルビーカー　電子天秤　薬包紙（秤量皿）

●塩酸の濃度を求めるための方法を考えよう

●結果

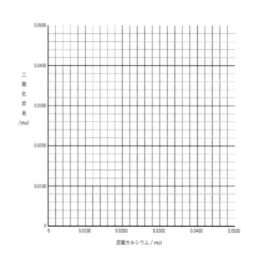

●考察

●振り返り（学習の前後を振り返って，実験の結果を基にどのように課題を解決しようとしたか
　記述しなさい。）

（5）「主体的に学習に取り組む態度」の評価例

　ここでは，ワークシートのグラフと振り返りの記述を併せて分析することにより評価を行う。

【評価Bの例】

　試行錯誤しながら，炭酸カルシウムの質量を変えて，どのように塩酸の濃度を求めようとしたかを記述している。このことから，主体的に学習に取り組む態度の観点で「おおむね満足できる」状況（B）と判断できる。

【振り返り】

濃度を求めるために最初は何をすれば良いか分からなかった。友達のアドバイスを受けて，炭酸カルシウムの質量を変えて実験を行い，グラフを作成することはできたが，塩酸の濃度を求めることまではできなかった。

【グラフ】

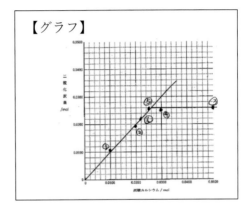

【評価Aの例】

　試行錯誤しながら，炭酸カルシウムの質量を何度も変えて，どのように塩酸の濃度を求めようとしたかを記述していたり，学習前後における自己の変容を具体的に記述したりしている。このことから，主体的に学習に取り組む態度の観点で「十分満足できる」状況（A）と判断できる。

【振り返り】

過不足のことは全く考えていなかったけれど，加える炭酸カルシウムの量を適切に設定して実験することで，二酸化炭素の発生が一定になるところがグラフから推定できた。グラフを作成したり，議論したりすることで濃度不明の塩酸の濃度をどのように求めたら良いかがわかった。これからは，はじめの段階で見通しをもって実験を行う必要性を感じた。

【グラフ】

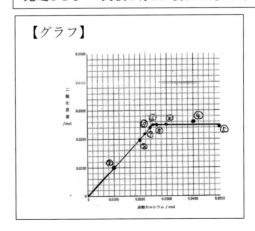

【評価Cの例】

　グラフを途中までしか作成しておらず，振り返りにおいて実験の状況や事実だけを記述していることから，主体的に学習に取り組む態度の観点で「努力を要する」状況（C）と判断できる。

【振り返り】
炭酸カルシウムの量を増やしていくと，発生する二酸化炭素の量が増えることがわかった。

【グラフ】

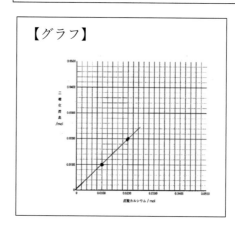

【「努力を要する」状況と評価した生徒に対する指導の手立て】

　例えば，実験の目的を確認するとともに，実験の一つ一つの操作の意味を考えさせたりすることで思考を整理した上で，実験のプロセスを具体的に振り返り自己の変容を認識させることが考えられる。

（参考）

ここでは，「1.0mol/L の塩酸 50mL に炭酸カルシウムを加えていくと，どんな現象が起こるかグラフを作成して説明しよう」という課題を設定して，主体的に学習に取り組む態度を見取ることも考えられる。

〈ワークシートの例〉

化学基礎　化学反応式の量的関係

今回は，次の実験を行い，考えていきます。実験操作は以下の通りです。
- （1）1.0mol/L の塩酸を 50mL はかり取り，コニカルビーカーに入れる。
- （2）薬包紙(秤量皿)に炭酸カルシウムをはかり取る。(A)
- （3）電子天秤で反応前の(1)の質量をはかる。(B)
- （4）1.0mol/L の塩酸 50mL に，(2)ではかり取った炭酸カルシウムを少しずつ加える。
- （5）コニカルビーカーを振って泡が出なくなったら，反応後の質量をはかる。(C)
- （6）(A+B)−C を発生した二酸化炭素の質量として，実験結果を下の表にまとめる。

①，②からグラフを予想してみよう

実験操作 (2) においてはかり取った炭酸カルシウムが　①1.00g，②2.00g のときの実験結果は以下の通りであった。$CaCO_3$ ＝ 100g/mol CO_2 ＝ 44g/mol として，物質量を計算してみましょう。

操　作		①	②
炭酸カルシウム	質量 g	1.00	2.00
	物質量 mol		
二酸化炭素	質量 g	0.44	0.88
	物質量 mol		

右のグラフ用紙に，操作①，②の結果をプロットし，炭酸カルシウム 5.00g まで使用した時の実験の結果を予想し記入しましょう。

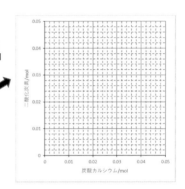

●グラフがなぜそのようになるか，根拠を基に説明してみましょう。（実験前）

課題：1.0mol/L の塩酸 50mL に炭酸カルシウムを加えていくと，どんな現象が起こるかグラフを作成して説明しよう。

●【方法】炭酸カルシウム 5.00gまでの範囲で発生する二酸化炭素を調べよう。
●結果

操　作	①	②	③	④	⑤	⑥	⑦	⑧	⑨	⑩
炭酸カルシウム A g	1.00	2.00								
塩酸　　　　B g										
実験前　A＋B　g										
実験後　　　C g										
(A＋B)−C　g										
炭酸カルシウム mol										
二酸化炭素 mol										

●グラフの作成

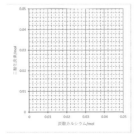

●操作⑩まで行い気付いたこと（実験後）

●考察

●振り返り（学習の前後を振り返って，実験の結果を基にどのように課題を解決しようとしたか記述しなさい。）

8　観点別学習状況の評価の総括

単元の指導と評価の計画に基づき，評価方法を工夫して行い，観点ごとに総括した事例を紹介する。

時	学習活動	知	思	態	生徒の様子
1	・^{12}C を基準とする相対質量及び原子量について説明する。				・^{12}C を基準とする相対質量及び原子量について説明した。
2	・分子量や式量が構成原子の原子量の総和で表されることを理解する。				・分子量や式量を理解し，その求め方を理解した。
3	・粒子の数に基づく量の表し方である物質量の概念を理解する。	B			・実験を通して，物質量の概念について理解した。
4	・具体的な物質を用いて，物質量と粒子数，質量，気体の体積との関係を説明する。				・物質量と粒子数，質量，気体の体積との関係について説明した。
5	・水溶液に含まれる溶質の質量を求め，質量パーセント濃度とモル濃度の違いを理解する。				・質量パーセント濃度とモル濃度の違いを理解した。
6	・決められた濃度の溶液を調製する技能を身に付ける。	A			・決められた濃度の溶液を調製する技能が身に付いた。
7	・化学変化の前後で原子の数や種類が変わらないことを基に，粒子のモデルを用いて化学反応式の係数を決定できることを説明する。				・化学変化の前後で原子の数や種類が変わらないことを基に，粒子のモデルを用いて化学反応式の係数を決定できることを説明した。
8	・実験を行い，化学反応式の係数の比が，物質量の比と関係していることを見いだして表現する。		A		・実験を行い，化学反応式の係数の比が，物質量の比と関係していることを見いだして表現した。
9	・過不足のある化学反応について，化学反応式の量的関係の知識を活用して，実験を通して課題を解決する。			A	・過不足のある化学反応について，化学反応式の量的関係の知識を活用して，実験を通して課題を解決しようとした。
10	・物質量と化学反応式に関する学習を振り返り，それらの知識を概念的に理解しているかどうかを確認する。	A			・物質量と化学反応式に関する知識を概念的に理解していた。
	ペーパーテスト（定期考査等）	A	A		
	単元の総括	A	A	A	

第3編
事例2

- 82 -

・「知識・技能」は，第3時，第10時とペーパーテストで「知識」を評価し，第6時で「技能」を評価した。その結果，「ＢＡＡＡ」となることから，総括して「Ａ」とした。
・「思考・判断・表現」は，第8時で評価「Ａ」，ペーパーテストで評価「Ａ」であることから，総括して「Ａ」とした。
・「主体的に学習に取り組む態度」は第9時で「Ａ」と評価し，単元を通しての総括として「Ａ」とした。

理科　　事例3（生物基礎）

キーワード　指導と評価の計画から評価の総括まで

単元名	内容のまとまり
⑺ 神経系と内分泌系による調節	⑵「ヒトの体の調節」

1　単元の目標

(1) 神経系と内分泌系による調節について，情報の伝達，体内環境の維持の仕組みを理解するとともに，それらの観察，実験などに関する技能を身に付けること。

(2) 神経系と内分泌系による調節について，観察，実験などを通して探究し，神経系と内分泌系による調節の特徴を見いだして表現すること。

(3) 神経系と内分泌系による調節に主体的に関わり，科学的に探究しようとする態度と，生命を尊重する態度を養うこと。

2　単元の評価規準

知識・技能	思考・判断・表現	主体的に学習に取り組む態度
神経系と内分泌系による調節について，情報の伝達，体内環境の維持の仕組みの基本的な概念や原理・法則などを理解しているとともに，科学的に探究するために必要な観察，実験などに関する基本操作や記録などの基本的な技能を身に付けている。	神経系と内分泌系による調節について，観察，実験などを通して探究し，神経系と内分泌系による調節の特徴を見いだして表現している。	神経系と内分泌系による調節に主体的に関わり，見通しをもったり振り返ったりするなど，科学的に探究しようとしている。

＊「生物基礎」及び「生物」における「主体的に学習に取り組む態度」の留意点について

　「生物基礎」及び「生物」の学習指導要領の目標の「学びに向かう力，人間性等」における，「生命を尊重し，自然環境の保全に寄与する態度」については，観点別学習状況の評価にはなじまず，個人内評価等を通じて見取る部分であることに留意する必要がある。

3　指導と評価の計画（10時間＋ペーパーテスト）

時間	ねらい・学習活動	重点	記録	備考
1	・踏み台昇降運動時における心拍数の変化を測定する実験の技能を身に付ける。	知	○	・実験の操作や記録などの技能を身に付けている。
2	・前時の実験結果から，脚の運動と心拍数の変化との関係性を見いだして表現する。	思	○	・実験結果から，脚の運動と心拍数の変化との関係性を見いだして表現している。［記述分析］

3	・資料（図）を読み取り，交感神経と副交感神経の働きについて理解する。	知		・資料を読み取り，交感神経と副交感神経の働きについて理解している。
4	・内分泌系が働く仕組みについて理解する。	知		・内分泌系が働く仕組みについて理解している。
5	・フィードバック調節について理解する。	知		・フィードバック調節について理解している。
6	・小項目「⑦ 情報の伝達」について，学習したことをまとめる。 ・「情報の伝達」の学習中に分からなかったことや新たに疑問に思ったことをどのように解決しようとしたかを表現する。 ・次の項目での学習に向けて，自分の学習方法についての課題をどのように改善していくかを表現する。	態	○	・学習中に分からなかったことや新たに疑問に思ったことをどのように解決しようとしたかを表現している。[記述分析] ・次の項目での学習に向けて，自分の学習方法についての課題をどのように改善していくかを表現している。[記述分析]
7	・資料（グラフ）を読み取り，血糖濃度の調節とホルモンの働きとの関係性を見いだして表現する。	思	○	・資料を読み取り，血糖濃度の調節とホルモンの働きとの関係性を見いだして表現している。[記述分析]
8	・資料（図）を読み取り，血糖濃度が上昇したときの血糖濃度の調節の仕組みについて理解する。	知	○	・資料を読み取り，血糖濃度が上昇したときの血糖濃度の調節の仕組みを理解している。[記述分析]
9	・健常者と糖尿病患者の血糖濃度とインスリン濃度の変化を表す資料（グラフ）を比較して，病気について考察する。	思		・健常者と糖尿病患者の血糖濃度とインスリン濃度の変化を表す資料を比較して，病気について考察している。
10	・小項目「⑦ 体内環境の維持の仕組み」について，学習したことをまとめる。 ・「体内環境の維持の仕組み」の学習中に分からなかったことや新たに疑問に思ったことをどのように解決しようとしたかを表現する。 ・次の単元での学習に向けて，自分の学習方法についての課題をどのように改善していくかを表現する。	態	○	・学習中に分からなかったことや新たに疑問に思ったことをどのように解決しようとしたかを表現している。[記述分析] ・次の単元での学習に向けて，自分の学習方法についての課題をどのように改善していくかを表現している。[記述分析]
	・ペーパーテスト	知 思	○ ○	・知識を習得，活用している。 ・科学的に探究している。[記述分析]

＊記録の欄に○が付いていない授業においても，教師が生徒の学習状況を把握し，指導の改善に生かすことが重要である。

4　観点別学習状況の評価の進め方　知識・技能

（1）本時（第8時）のねらい

　　第3時には自律神経系の働きについて，第4，5時には内分泌系の働きについて，第7時には血糖濃度の調節とホルモンの働きとの関係性について学習している。そこで，本時は，資料（ワークシートの図）から読み取れることを既習事項と関連付けて，血糖濃度が上昇したときの調節の仕組みを理解する。

（2）評価規準

「知識・技能」

　　資料(ワークシートの図)を読み取り，血糖濃度が上昇したときの調節の仕組みを理解している。

（3）評価のポイント

　　資料（ワークシートの図）から読み取れることを既習事項と関連付けて，血糖濃度が上昇したときの自律神経系と内分泌系の働きを理解しているかを評価する。

（4）指導と評価の流れ

　　本時は，教師が初めから説明するのではなく，生徒が資料から血糖濃度が上昇したときの調節の仕組みを自ら理解していく授業展開としている。

学習場面	学習活動	学習活動における具体の評価規準	評価方法
導入	・授業目標を確認する。 ・前時までの学習内容（血糖，肝臓の働き，自律神経系と内分泌系の働き）を確認する。		
展開	課題：資料（ワークシートの図）から血糖濃度が上昇したときの調節の仕組みを理解しよう。		
	・資料を読み取り，血糖濃度が上昇した時の調節の仕組みに関する問題に答える。 ・他者の記述内容を確認し，自分の記述との違いを確認する。 ・問題の解答・解説を確認する。 ・血糖濃度が下降した時の調節方法について，図を用いて確認する。	・血糖濃度の上昇を感知し，インスリンが分泌され，血糖濃度が低下するまでの流れを資料から読み取り，理解している。	ワークシート
まとめ	・振り返りシートを用いて，本時の内容について振り返る。		

（5）「知識・技能」の評価例

　ここでは，ワークシートの記述を分析することにより，評価を行う。

＜ワークシートの例＞

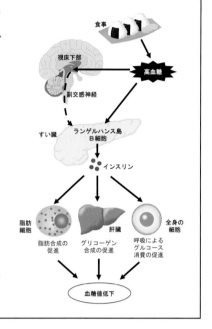

　右図は食事により血糖濃度が上昇した際に，体内に生じる反応を示したものである。図を参考に，次の(1)～(3)の文が，正しい場合は「○」を，誤っている場合は理由を示して訂正しなさい。

(1)　血中の高血糖の感知は，すい臓のランゲルハンス島B細胞のみで行われ，神経系は関与しない。

(2)　すい臓のランゲルハンス島B細胞からインスリンが分泌され，全身の細胞に働きかける。

(3)　インスリンは，グリコーゲンや脂肪の合成，呼吸によるグルコースの消費の促進などを通じて，細胞から血液中にグルコースを放出することにより，血糖値を低下させる。

【評価Bの例】

　誤っている部分を指摘しており，資料から血糖濃度が上昇したときの調節の仕組みを理解しているが，誤っている場合の理由を記述できていない。このことから，知識・技能の観点で「おおむね満足できる」状況（B）と判断できる。

> (1)神経系も関与している。
> (2)○
> (3)グルコースを放出しない。

【評価Aの例】

　誤っている部分を指摘しているとともに，その理由を正しく記述していることから，資料から血糖濃度が上昇したときの調節の仕組みを理解している。このことから，知識・技能の観点で「十分満足できる」状況（A）と判断できる。

> (1)高血糖を視床下部で感知し，副交感神経を通じてすい臓に伝達しているので，神経系も関与している。
> (2)○
> (3)細胞から血液中にグルコースを放出するのではなく，消費したり，吸収したりすることによって血糖値を低下させる。

【評価Cの例】

　誤っている部分を指摘しておらず，資料から血糖濃度が上昇したときの調節の仕組みを理解していないので，知識・技能の観点で「努力を要する」状況（C）と判断できる。

> (1)○
> (2)肝臓に働きかける。
> (3)○

【「努力を要する」状況と評価した生徒に対する指導の手立て】

　資料と既習事項とを関連付けながら考えさせる。誤っている部分について気付くことができない場合は，他の生徒や教師と対話しながら気付くことができるように支援する。

（参考）

　知識問題は，次に示すようなものが考えられる。以下，血糖濃度の調節に関する問題として，それぞれの例を示す。

パターン①　用語を選択させる

血糖値を下げる働きをもつホルモンはどれか。
　ア　インスリン
　イ　グルカゴン
　ウ　アドレナリン
　エ　チロキシン

パターン②　用語の名称を問う

血糖値を下げる働きをもつホルモンの名称を答えよ。

パターン③　用語に関わる知識の正誤を問う

以下の中から正しいものを選択せよ。
　　ア　インスリンは血糖値を下げる働きをもつ。
　　イ　グルカゴンは体内のナトリウム濃度の調節に関わる。
　　ウ　アドレナリンは心拍数を低下させる働きをもつ。
　　エ　チロキシンは血中のカルシウム濃度の調節に関わる。

パターン④　用語に関わる概念の正誤を問う

以下の中から誤っているものを選択せよ。
　　ア　ホルモンは血液の流れによって全身の細胞に運ばれる。
　　イ　ホルモンは細胞がつくるのではなく食物から摂取したものが働く。
　　ウ　ホルモンは細胞に存在する受容体で受け取られる。
　　エ　ホルモンは血糖値の調節など様々な現象に関連している。

パターン⑤　用語に関わる概念を論述させる

例題１　内分泌系の特徴を説明せよ。
例題２　ホルモンはなぜ特定の細胞にしか作用しないのか説明せよ。

パターン①とパターン②は，事実的な知識を確認するための問題形式例である。パターン③は，正誤の判定を用語の知識から行う問題形式例であり，パターン①，パターン②と同様の目的をもつ。これに対して，パターン④とパターン⑤は，知識の概念的な理解を問うものとなっている。これらを整理すると，以下の図のようになる。

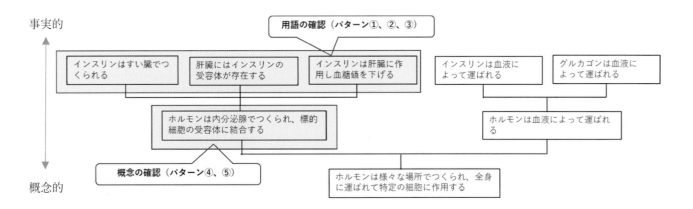

　パターン③とパターン④は，似たような正誤問題に見えるが，作問のねらいを明確にすることが望ましい。

　パターン⑤は，知識の概念的な理解ができているかを問う問題形式例である。例題1のように内分泌系全体に関して問うこともできるし，例題2のようにホルモンの作用に絞って問うこともできる。

　また，知識の概念的な理解を問う際に，論述させる形式ではなく選択させる形式で問うこともできる。例えば，パターン⑤の例題2の解答例は，「ホルモンは血液によって全身の細胞に運ばれるが，標的細胞のみが受容体をもつので標的細胞にしか作用しないから。」であるが，これを，前半と後半の要素に分け，それを基に選択肢を作ると，以下のようにパターン④の問題を作成することができる。

例題　ホルモンが運ばれる場所とホルモンの受容体をもつ細胞について，以下の中から 正しいものを選択せよ。		
	ホルモンが運ばれる場所	ホルモンの受容体をもつ細胞
ア	全身の細胞	全身の細胞
イ	全身の細胞	標的細胞のみ
ウ	標的細胞のみ	全身の細胞
エ	標的細胞のみ	標的細胞のみ

　学習指導要領の「生物基礎」や「生物」では，扱う用語を精選することが示されている。生物や生物現象に関する基本的な概念や原理・法則を理解させるためには，作問の際に，用語の意味を単純に数多く問うのではなく，主要な概念の理解が深まっているかを問うことが重要である。

5　観点別学習状況の評価の進め方　思考・判断・表現

（1）本時（第2時）のねらい

　第1時の踏み台昇降運動の実験結果を基に，脚の運動と心拍数の変化との関係性を見いだして表現する。

（2）評価規準

「思考・判断・表現」

　第1時の踏み台昇降運動の実験結果を基に，脚の運動と心拍数の変化との関係性を見いだして表現している。

（3）評価のポイント

　単元の開始時（第1時）に実験を実施する。本時では，前時の実験結果を基に「運動している部位」と「変化が生じる部位」に注目するとともに，脚の運動による心拍数の変化が「何のために生じたのか（目的）」や「どのように生じたのか（仕組み）」の視点で考察する。ここでは，運動している部位の情報が心臓に伝わること（情報の伝達）を，測定された結果から見いだしているかを評価する。

<ワークシートの課題例>

> 　踏み台昇降運動で測定された心拍数の変化は体内のどのような反応によるものか，運動している部位と変化が生じる部位に注目して説明せよ。なお，以下の視点に留意すること。
> 　　　　・何のために心拍数の変化が生じたのか。
> 　　　　・どのような仕組みで心拍数の変化が生じたのか。

（4）指導と評価の流れ

学習場面	学習活動	学習活動における具体の評価規準	評価方法
導入	・授業目標を確認する。		
	課題：測定された心拍数の変化は体内のどのような反応によるものか。運動している部位と変化が生じる部位に注目して，説明しよう。		
展開	・前時の実験結果や作成したグラフを確認する。 ・踏み台昇降実験の結果から，二つの視点を踏まえて，脚の運動と心拍数の変化との関係性を見いだして表現する。	・実験の結果から，二つの視点を踏まえて，脚の運動と心拍数の変化との関係性を見いだして表現している。	ワークシート
まとめ	・振り返りシートを用いて，本時の内容について振り返る。		

（5）「思考・判断・表現」の評価例

　ここでは，ワークシートの記述を分析することにより，評価を行う。

【評価Ｂの例】

　運動している部位と変化が生じる部位，及び「何のために生じたのか（目的）」の記述はあるが，「どのように生じたのか（仕組み）」に関する記述がない。このことから，思考・判断・表現の観点で「おおむね満足できる」状況（Ｂ）と判断できる。

> 足を動かし，心臓に変化が生じる。
> より早く酸素を取り込むために，運動後は心拍数が高い。

> 脚の筋肉が刺激され，エネルギーや酸素を多く運ぶために心臓が活発に動いて心拍数が増える。

【評価Ａの例】

　運動している部位と変化が生じる部位，及び「何のために生じたのか（目的）」の記述に加えて，「どのように生じたのか（仕組み）」に関する記述があるので，思考・判断・表現の観点で「十分満足できる」状況（Ａ）と判断できる。

> 運動している場所は，脚，筋肉。
> 変化が生じる場所は，心臓，脈。
> 激しい運動をしたため，急激に酸素が少なくなったから，脳が酸素不足を感じて，心臓を速く動かして酸素を運んだ。

> 運動している場所は足で，変化が生じる場所は心臓。
> 変化は，酸素を早くたくさん取り入れるために起こる。素早く全身に酸素を送り込むため，心臓を早く動かす仕組みがある。足から何かの合図が心臓に伝達した。

【評価Ｃの例】

　運動している部位と変化が生じる部位については記述されているが，「何のために生じたのか（目的）」，「どのように生じたのか（仕組み）」に関する記述がないので，思考・判断・表現の観点で「努力を要する」状況（Ｃ）と判断できる。

> 脚が動くと心臓が反応する。

【「努力を要する」状況と評価した生徒に対する指導の手立て】

　自分の記述を振り返らせ，他の生徒の記述や教師の解答例を参考にしながら，注目すべき視点の内容が含まれているかを確認させ，再度記述できるように支援する。

6　観点別学習状況の評価の進め方　思考・判断・表現

（1）本時（第7時）のねらい

　第4，5時で内分泌系の働きについて学習している。本時は，資料（グラフ）から読み取れることを既習事項と関連付けて，血糖濃度の調節とホルモンの働きとの関係性を見いだして表現する。

（2）評価規準

「思考・判断・表現」

　資料（グラフ）を読み取り，血糖濃度の調節とホルモンの働きとの関係性を見いだして表現している。

（3）評価のポイント

　食事の前後の血糖濃度の変化と，ホルモンXとホルモンYの血液中の濃度を示した資料（グラフ）から読み取れることを既習事項と関連付けて，血糖濃度と二つのホルモンの働きについて関係性を見いだして表現しているかを評価する。ここで扱うホルモンXとホルモンYは，それぞれグルカゴンとインスリンであるが，ここでは名前を伏せたグラフを用いる。これは，与えられたグラフの数値の変化から，ホルモンの働きを見いだすことを目的とするためである。なお，血糖が血液中のグルコースのことを指すことは事前に生徒に提示する。

（4）指導と評価の流れ

学習場面	学習活動	学習活動における具体の評価規準	評価方法
導入	・授業目標を確認する。 ・自律神経系と内分泌系での情報伝達について確認する。		
展開	・血糖と血糖濃度について確認する。 ・低血糖時と高血糖時の体内への影響について確認し，血糖濃度の調節の必要性について気付く。		
	課題：食事前後の血糖濃度と二つのホルモン濃度を表す資料（グラフ）から，それぞれのホルモンの働きについて考えられることを説明しよう。		
	・食事前後の血糖濃度の変化と，二つのホルモンの濃度の変化を示した資料から，血糖濃度の調節と二つのホルモンの働きとの関係性を見いだして表現する。	・資料を読み取り，血糖濃度の調節と二つのホルモンの働きとの関係性を見いだして表現している。	ワークシート
まとめ	・振り返りシートを用いて，本時の内容について振り返る。		

（5）「思考・判断・表現」の評価例

　ここでは，ワークシートの記述を分析することにより，評価を行う。

＜ワークシートの課題例＞

> 　右のグラフはヒトの食事前後の血糖濃度と二つのホルモンの濃度を表したものである。それぞれのホルモンの働きについて考えられることを，理由を示して説明しなさい。

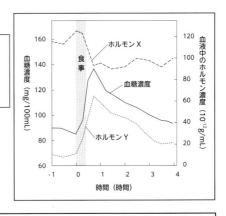

【評価Ｂの例】

　資料を読み取り，二つのホルモンの働きについて，どちらも血糖濃度の調節に関係していることは見いだしているが，それぞれのホルモンの具体的な働きについては表現していない。このことから，思考・判断・表現の観点で「おおむね満足できる」状況（Ｂ）と判断できる。

> ホルモンXとホルモンYは血糖濃度の調節に関係しており，互いに異なる働きをしているのではないか。その理由は食事の後に血糖濃度が上昇することに合わせて，ホルモンXの濃度は下がり，ホルモンYの濃度が上がっているから。

第3編
事例3

【評価Ａの例】

　資料を読み取り，血糖濃度の調節と二つのホルモンのそれぞれの働きとの関係性を具体的に見いだして表現しているので，思考・判断・表現の観点で「十分満足できる」状況（Ａ）と判断できる。

> ホルモンXは血糖濃度の下降を抑えていて，ホルモンYは血糖濃度の上昇を抑えている。そう判断した根拠は，食事によって血糖濃度が高まるにつれて，ホルモンYの濃度が増えている。その後，血糖濃度とホルモンYは同じような割合で下がっている。また，ホルモンXの濃度は食事前までは高く，食事後になると血糖濃度の上昇と逆行するように減少し，血糖濃度が下がるとホルモンXが少し増えているからである。

【評価Ｃの例】

　資料を読み取ることができておらず，血糖濃度の調節と二つのホルモンの働きとの関係性を見いだして表現していないので，
思考・判断・表現の観点で「努力を要する」状況（Ｃ）と判断できる。

> 食事をすると，ホルモンXは増加している。ホルモンYは食事後の血糖濃度と同じように下がっている。食事をすると血糖濃度は下がる。

【「努力を要する」状況と評価した生徒に対する指導の手立て】

　生徒が資料（グラフ）を読み取ることができるようにするために，一つのグラフを「ホルモンXの濃度と血糖濃度の関係」と「ホルモンYの濃度と血糖濃度の関係」に分けて読み取らせる。その際，グラフが大きく変化する時点に注目させ，食事前，食事中，食事後の時間の経過とともにどのように変化したかを考えさせる。一人で考えることが難しい場合は，他の生徒や教師と対話しながら考えられるように支援する。

（参考）

「生物基礎」及び「生物」の学習指導要領においては，「見いだして理解する」，「見いだして表現する」という文言があるが，生徒に見いださせる学習活動が重要である。例えば，「生物基礎」の「(1)ア(イ)⑦ 遺伝情報とDNA」について，高等学校学習指導要領(平成30年告示)解説「理科編　理数編」のP.119には，「遺伝情報を担う物質としてのDNAの特徴を見いださせるには，DNAの構造を模式的に示した資料に基づいて，糖，リン酸の繰り返しからなる2本の基本骨格が，それぞれの基本骨格から突き出した4種類の塩基の部分で結合していること，結合する塩基には相補性があることに気付かせることが考えられる。」とある。そこで，この内容について，生徒に見いださせる学習活動の例を紹介する。

第3編
事例3

【指導の手立て】

前時に「DNAは，塩基，糖（デオキシリボース），リン酸から構成されていること」，「DNAを構成している塩基には，アデニン(A)，グアニン(G)，シトシン(C)，チミン(T)の4種類があること」，「どの生物においてもアデニンとチミン，グアニンとシトシンの数の比が，それぞれ1：1であること」を学習している。そこで，前時の学習内容と下に示す図から読み取れることを関連付けて，DNAの構造の特徴を見いだすための課題を与えた。その際，生徒自らがDNAの構造の特徴を見いだすために，前時の学習内容を踏まえて考えるように促した。

【課題】

右図はDNAの構造を示したものである。前時の学習内容を踏まえて，この図から考えられることをできるだけ多く挙げなさい。

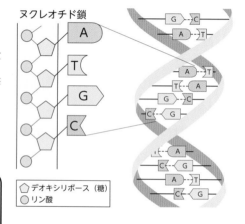

【生徒の解答例】

> ・AはTと，CはGとペアになっており，塩基には決まった組合せがある。

これは，塩基の相補性について見いだしている。

> ・AとT，GとCが組み合わさっている。これらの順番に規則性はない。
> ・ヌクレオチドどうしは，デオキシリボースとリン酸でつながっており，塩基はリン酸とつながっていない。
> ・2本のヌクレオチド鎖の塩基どうしが結合して，らせん状になっている。

これは，塩基の相補性，DNAを構成する物質の特徴，二重らせん構造について見いだしている。

生徒に見いださせる学習活動を展開するためには，各単元の学習で重要となる特徴や関係性を教師が初めから説明するのではなく，生徒自身に気付かせたり，気付きから特徴や関係性を考察させたりすることが考えられる。

7 観点別学習状況の評価の進め方 <u>主体的に学習に取り組む態度</u>

（1）本時（第10時）のねらい

体内環境の維持の仕組みについて，第7時から第9時までの学習を振り返って，分からなかったことや新たに疑問に思ったことをどのように解決しようとしたかを表現する。また，次の単元での学習に向けて，自分の学習方法についての課題をどのように改善していくかを表現する。

（2）評価規準

「主体的に学習に取り組む態度」

体内環境の維持の仕組みについて，第7時から第9時までの学習を振り返って，分からなかったことや新たに疑問に思ったことをどのように解決しようとしたかを表現している。また，次の単元での学習に向けて，自分の学習方法についての課題をどのように改善していくかを表現している。

（3）評価のポイント

体内環境の維持の仕組みについて，第7時から第9時までの学習を振り返って，分からなかったことや新たに疑問に思ったことをどのように解決しようとしたか，その手段について記述させることで，「粘り強い取組を行おうとする側面」について評価する。さらに，次の単元での学習に向けて，自分の学習方法についての課題をどのように改善していくか，その手段について記述させることで，「粘り強い取組を行う中で，自らの学習を調整しようとする側面」を評価する。

<u>＜ワークシートの課題例＞</u>

体内環境の維持の仕組みについて，今までの学習を振り返って，次の①と②に答えよ。
① 分からなかったこと，あるいは，新たに疑問に思ったことは何か。また，それらをどのように解決したか。
② 次の単元での学習に向けて，自分の学習方法について感じた課題は何か。また，それをどのように改善していくか。

（4）指導と評価の流れ

学習場面	学習活動	学習活動における具体の評価規準	評価方法
導入	・授業目標を確認する。		
展開	・「体内環境の維持の仕組み」について，学習したことをまとめる。		
	課題：「体内環境の維持の仕組み」について，今までの学習を振り返って，分からなかったことや新たに疑問に思ったことをどのように解決したか。また，次の単元の学習に向けて，自分の学習方法について改善していくことを書いてみよう。		
	・分からなかったことや新たに疑問に思ったことをどのような手段で解決しようとしたかを表現する。 ・自分の学習方法について改善したいことを表現する。	・分からなかったことや新たに疑問に思ったことをどのような手段で解決しようとしたかを表現している。また，自分の学習方法について改善したいことを表現している。	ワークシート
まとめ	・本時の内容について振り返る。		

第3編
事例3

（5）「主体的に学習に取り組む態度」の評価例

　ここでは，ワークシートの記述を分析することにより，評価を行う。

【評価Bの例】

　「体内環境の維持の仕組みについて，分からなかったこと，あるいは，新たに疑問に思ったことをどのようにして解決しようとしたのか」もしくは「次の単元での学習に向けて，自分の学習方法についての課題をどのように改善していくか」について，その手段を表現しているので，主体的に学習に取り組む態度の観点で「おおむね満足できる」状況（B）と判断できる。

> ① 血糖濃度が下がったときにどのように調節するのか疑問に思ったので，血糖濃度調節の図を読み解くと，複数の方法があることが分かった。
> ② 次はもっと工夫したいと思う。

> ① 自律神経系とホルモンが同時に働く仕組みについて，どうやって調べたらよいのか分からなかった。
> ② 次回からは，分からないことは先生や友達に積極的に質問して解決しようと思う。

【評価Aの例】

　「体内環境の維持の仕組みについて，分からなかったこと，あるいは，新たに疑問に思ったことをどのようにして解決しようとしたのか」及び「次の単元での学習に向けて，自分の学習方法についての課題をどのように改善していくか」について，両方ともその手段を表現しているので，主体的に学習に取り組む態度の観点で「十分満足できる」状況（A）と判断できる。

> ① 血糖濃度を上げるホルモンは複数あるのに，血糖濃度を下げるホルモンはインスリンのみであることが気になりインターネットで調べてみた。生物は空腹であることの方が自然であるため，血糖濃度を上げるホルモンの種類が多いらしいことが分かった。
> ② 疑問を自分で調べることで，理解度が向上した。でも，今回はインターネットですぐに検索したので，次からは，まず自分で考えて予想を立ててから，調べてみようと思った。また，調べたことを友達と共有して，いろいろな知識を得たいと思う。

【評価Cの例】

　「体内環境の維持の仕組みについて，分からなかったこと，あるいは，新たに疑問に思ったことをどのようにして解決しようとしたのか」及び「次の単元での学習に向けて，自分の学習方法についての課題をどのように改

> ① 血糖濃度の調節について，よく分からなかった。
> ② 次は頑張ろう。

善していくか」について，両方ともその手段を表現していないので，主体的に学習に取り組む態度の観点で「努力を要する」状況（C）と判断できる。

【「努力を要する」状況と評価した生徒に対する指導の手立て】

　どこが分からなかったのかをスモールステップで確認させるとともに，次の単元の学習に向けて，分からない内容をどのように解決するかを考えさせる。また，記述の方法や今後の活動について一人で考えることが難しい場合は，他の生徒や教師と対話しながら考えられるように支援する。

8 観点別学習状況の評価の総括

単元の指導と評価の計画に基づき，評価方法を工夫して行い，観点ごとに総括した事例を紹介する。

時	学習活動	知	思	態	生徒の様子
1	・踏み台昇降運動時における心拍数の変化を測定する実験の技能を身に付ける。	B			・踏み台昇降運動時における心拍数を測定し，その結果をグラフにするなどの技能を身に付けた。
2	・前時の実験結果から，脚の運動と心拍数の変化との関係性を見いだして表現する。		B		・実験結果から，脚の運動と心拍数の変化との関係性を見いだして表現した。
3	・資料（図）を読み取り，交感神経と副交感神経の働きについて理解する。				・資料を読み取り，交感神経と副交感神経の働きについて理解した。
4	・内分泌系が働く仕組みについて理解する。				・内分泌系が働く仕組みについて理解した。
5	・フィードバック調節について理解する。				・チロキシンによるフィードバック調節を理解した。
6	・小項目「⑦ 情報の伝達」について，学習したことをまとめる。 ・「情報の伝達」の学習中に分からなかったことや新たに疑問に思ったことをどのように解決しようとしたかを表現する。 ・次の項目での学習に向けて，自分の学習方法についての課題をどのように改善していくかを表現する。			A	・「情報の伝達」について，学習したことをまとめた。 ・「情報の伝達」の学習中に分からなかったことや新たな疑問をどのように解決しようとしたかを表現した。 ・次の項目での学習に向けて，自分の学習方法についての課題をどのように改善していくかを表現した。
7	・資料（グラフ）を読み取り，血糖濃度の調節とホルモンの働きとの関係性を見いだして表現する。		A		・資料から，血糖濃度の調節と二つのホルモンの働きとの関係性を見いだして表現した。
8	・資料（図）を読み取り，血糖濃度の調節の仕組みについて理解する。	A			・資料から，血糖濃度の調節の仕組みについて理解した。
9	・健常者と糖尿病患者の血糖濃度とインスリン濃度の変化を表す資料（グラフ）を比較して，病気について考察する。				・健常者と糖尿病患者の血糖濃度とインスリン濃度の変化を表す資料を比較して，病気について考察した。
10	・小項目「⑦ 体内環境の維持の仕組み」について，学習したことをまとめる。 ・「体内環境の維持の仕組み」の学習中に分からなかったことや新たに疑問に思ったことをどのように解決しようとしたかを表現する。 ・次の単元での学習に向けて，自分の			A	・「体内環境の維持の仕組み」について，学習したことをまとめた。 ・「体内環境の維持の仕組み」の学習中に分からなかったことをどのように解決しようとしたかを表現した。 ・次の単元での学習に向けて，他者との交流をしながら理解を深めてい

	学習方法についての課題をどのように改善していくかを表現する。			くことを表現した。
ペーパーテスト（定期考査等）		A	B	
単元の総括		A	B	A

・「知識・技能」は，第1時で「技能」を評価し，第8時とペーパーテストで「知識」を評価した。その結果，「ＢＡＡ」となることから，総括して「Ａ」とした。

・「思考・判断・表現」は，第2時と第7時とペーパーテストで評価し「ＢＡＢ」となることから，総括して「Ｂ」とした。

・「主体的に学習に取り組む態度」は，第6時と第10時で「ＡＡ」となることから，総括して「Ａ」とした。

（参考）

　生徒のあらゆる学習活動を観点別に評価して記録に残していくことは難しい。そのため，記録を残す必要のある場面を精選して実施することが求められる。一方で，日々の授業の中で生徒の学習状況を把握して指導に生かすことも重要である。

　例えば，本事例の第9時の「健常者と糖尿病患者の血糖濃度とインスリン濃度の変化を表す資料（グラフ）を比較して，病気について考察する」という学習活動について，生徒に自分の取組状況について振り返らせ，A～Cの3段階で自己評価をさせるなどして，生徒自身の学習改善につなげていくことができると考えられる。また，振り返りシート等に，授業の中で生じた新たな疑問（例えば，「なぜ血糖濃度を下げる働きをもつホルモンはインスリンしか存在しないのか」）や授業の感想などを記述させることによって，生徒の取組の状況を確認することができ，教師の授業改善につなげていくことができると考えられる。

　また，振り返りシートとして，次ページのようなシートを作成することも考えられる。このシートは，単元の観点別学習状況の評価と生徒の自己評価を合わせた例である。このようなシートを活用することにより，単元全体の学習を通して，生徒が自分の成長や変容を実感することを促すことができると考えられる。なお，このような場合も，観点別学習状況の評価そのものはあくまで教師が行うものであることに留意する必要がある。

＜振り返りシートの例＞

生物基礎　単元振り返りシート【ヒトの体の調節】

時間	学習の記録 目標の達成状況，大切だと思ったこと，印象に残ったことを記入すること。	自己評価* 知技	思判表	態度
1	月　　日（　　） 目標：踏み台昇降運動時における心拍数の変化を測定する実験の技能を身に付ける。 　グループ内で役割分担をしたのでスムーズに実験ができた。踏み台昇降をやっていた人は結構大変そうだった。	B *B*		
2	月　　日（　　） 目標：前時の実験結果から，脚の運動と心拍数の変化との関係性を見いだして表現する。 　酸素を多く運ぶために心臓が活発に動くことで心拍数が増えることは分かったが，どのような仕組みで心拍数の変化が生じるかはあいまいだった。		B *B*	
3	月　　日（　　） 目標：資料を読み取り，交感神経と副交感神経の働きについて理解する。 　自律神経系は交感神経と副交感神経からなる。交感神経と副交感神経は逆の働きをする。グループのメンバーと相談しながら課題に取り組めた。	A		
4	月　　日（　　） 目標：内分泌系が働く仕組みについて理解する。 　内分泌系とはホルモンのことであり，多くの種類のホルモンがあることが分かった。でも，正誤問題には10問中5問しか正解できなかった。	C		
5	月　　日（　　） 目標：フィードバック調節について理解する。 　ホルモンの調節はフィードバックで行われる。うまく調節されているなあと思った。	B		
6	月　　日（　　）　※自己評価欄のみ記入すること。 目標：「情報の伝達」の知識をまとめる。また，分からなかったことや新たに疑問に思ったことをどのように解決したかを表現する。さらに，次の項目での学習に向けて，自分の学習方法についての課題をどのように改善していくかを表現する。			A *A*
7	月　　日（　　） 目標：資料を読み取ることで，血糖濃度の調節とホルモンの働きとの関係性を見いだして表現する。 　血糖濃度はホルモンによる調節されている。2つのホルモンが対抗的に働いていることに気付いた。		B *A*	
8	月　　日（　　） 目標：資料を読み取り，血糖濃度が上昇したときの血糖濃度の調節の仕組みについて理解する。 　高血糖になったときの血糖濃度調整の方法を自分で考えながら理解することができた。自律神経系と内分泌系が協調して働いていることが分かった。	A *A*		
9	月　　日（　　） 目標：健常者と糖尿病患者の血糖濃度とインスリン濃度の変化を表す資料を比較して，病気について考察する。 　グラフからⅠ型とⅡ型の糖尿病患者の原因を考えることができた。グループのメンバーにも説明することができた。図を読み取るのが少し得意になってきたと思う。		B	
10	月　　日（　　）※自己評価欄のみ記入すること。 目標：「体内環境の維持の仕組み」の知識をまとめる。また，分からなかったことや新たに疑問に思ったことをどのように解決したかを表現する。さらに，次の単元での学習に向けて，自分の学習方法についての課題をどのように改善していくかを表現する。			B *A*
	月　　日（　　） ペーパーテスト　知識・技能…（ **40** ／50）点／思考・判断・表現…（ **30** ／50）点	*A*	*B*	
	評価のまとめ	*A*	*B*	*A*

吹き出し（右側）：
- 目標は「指導と評価の計画」から転記している。
- 生徒に授業に対するコメントを記述させている。
- 生徒全員の評価の記録を残さない時間は，重点とした観点について，生徒にA～Cの3段階で自己評価させている。
- 教師が評価を記録に残す時間は，上段に自己評価させ，下段に教師の評価をワークシート等から転記させている。

第3編
事例3

＊自己評価欄のイタリック体は，教師が記録に残した観点別学習状況の評価を示している。

＊この例では，Ａ４用紙１枚に収まるように作成しているが，教師からのコメント欄などを設けることも考えられる。

理科　　事例4（生物基礎）

キーワード　「主体的に学習に取り組む態度」の評価

単元名	内容のまとまり
（イ）生態系とその保全	(3)「生物の多様性と生態系」

1　単元の目標

(1) 生態系とその保全について，生態系と生物の多様性,生態系のバランスと保全を理解するとともに,それらの観察，実験などに関する技能を身に付けること。また，生態系の保全の重要性について認識すること。

(2) 生態系とその保全について，観察，実験などを通して探究し，生態系における，生物の多様性及び生物と環境との関係性を見いだして表現すること。

(3) 生態系とその保全に主体的に関わり，科学的に探究しようとする態度と，生命を尊重し，自然環境の保全に寄与する態度を養うこと。

2　単元の評価規準

知識・技能	思考・判断・表現	主体的に学習に取り組む態度
生態系とその保全について，生態系と生物の多様性,生態系のバランスと保全の基本的な概念や原理・法則などを理解しているとともに，科学的に探究するために必要な観察，実験などに関する基本操作や記録などの基本的な技能を身に付けている。	生態系とその保全について，観察，実験などを通して探究し，生態系における，生物の多様性及び生物と環境との関係性を見いだして表現している。	生態系とその保全に主体的に関わり，見通しをもったり振り返ったりするなど，科学的に探究しようとしている。

＊「生物基礎」及び「生物」における「主体的に学習に取り組む態度」の留意点について

　「生物基礎」及び「生物」の学習指導要領の目標の「学びに向かう力，人間性等」における，「生命を尊重し，自然環境の保全に寄与する態度」については，観点別学習状況の評価にはなじまず，個人内評価等を通じて見取る部分であることに留意する必要がある。

3 指導と評価の計画（7時間＋ペーパーテスト）

時間	ねらい・学習活動	重点	記録	備考
1	・土壌動物を双眼実体顕微鏡で観察して分類する技能を身に付ける。	知	○	・土壌動物を双眼実体顕微鏡で観察して分類する技能を身に付けている。［記述分析］
2	・前時の実験結果から，種類数や個体数と環境との関係性を見いだして表現する。	思	○	・実験結果から，種類数や個体数と環境との関係性を見いだして表現している。［記述分析］
3	・資料を読み取り，捕食と被食の関係性とキーストーン種の役割を見いだして理解する。	知		・資料を読み取り，捕食と被食の関係性とキーストーン種の役割を見いだして理解している。
4	・河川に生活排水が流入した際の資料から生態系のバランスと人為的攪乱について理解する。 ・外来魚の移入と在来魚の種数や個体数を示す資料から外来生物の影響について考察して表現する。	思		・河川に生活排水が流入した際の資料から生態系のバランスと人為的攪乱について理解している。 ・外来魚の移入と在来魚の種数や個体数を示す資料から外来生物の影響について考察して表現している。
5	・「生態系とその保全」の学習内容を整理し，理解する。	知	○	・「生態系とその保全」の学習内容を整理し，理解している。［記述分析］
6 7	・生態系とその保全に関する探究活動を通して，生態系への影響について調べ，その解決方法について考察して表現する。 ・探究活動を通して，新たな知識や自分の考えを表現したり，自らの取組や学習方法を振り返って改善策を表現したりすることにより，自己の成長や変容を表現しようとする。	態	○	・生態系とその保全に関する探究活動を通して，生態系への影響について調べ，その解決方法について考察して表現している。 ・探究活動を通して，新たな知識や自分の考えを表現したり，自らの取組や学習方法を振り返って改善策を表現したりすることにより，自己の成長や変容を表現しようとしている。［記述分析］
	・ペーパーテスト	知 思	○ ○	・知識を習得，活用している。 ・科学的に探究している。 ［記述分析］

＊記録の欄に○が付いていない授業においても，教師が生徒の学習状況を把握し，指導の改善に生かすことが重要である。

＊学習内容のテーマや題材については，季節や地域の実態などに応じて素材としての生物を選ぶなど，生物や生物現象に対する興味・関心を高めさせるように配慮することが考えられる。

第3編
事例4

4 観点別学習状況の評価の進め方 主体的に学習に取り組む態度

（1）本時（第6・7時）のねらい

　生態系とその保全に関する探究活動（本時は「メダカの放流の影響」）を通して，新たな知識や自分の考えを表現したり，自らの取組や学習方法を振り返って改善策を表現したりすることにより，自己の成長や変容を表現しようとする。

（2）評価規準

「主体的に学習に取り組む態度」

　生態系とその保全に関する探究活動を通して，新たな知識や自分の考えを表現したり，自らの取組や学習方法を振り返って改善策を表現したりすることにより，自己の成長や変容を表現しようとしている。

（3）評価のポイント

　探究活動の前後で新たな知識や自分の考えが広がっていることを表現させることにより，「粘り強い取組を行おうとする側面」について評価する。その際，新たな知識や考えの妥当性については，評価の対象としない。さらに，自らの取組や学習方法を振り返って改善策を表現させることにより，「粘り強い取組を行う中で，自らの学習を調整しようとする側面」について評価する。

（4）指導と評価の流れ

学習場面	学習活動	学習活動における具体の評価規準	評価方法
導入	・授業目標を確認する。 課題：ある川のメダカの個体数の減少を防ぐため，別の川で採集したメダカを放流することの影響について，探究しよう。 ・メダカの放流について，自分の意見を表現する。（問1）		
展開	・調査など，探究活動を行う。（問2） ・グループで検討する。（問3） ・再度，同じ「課題」に対して自分の意見を表現する。（問4） ・探究活動を通して，新たな知識や自分の考えを表現したり，自らの取組や学習方法を振り返って改善策を表現したりすることにより，自己の成長や変容を表現しようとする。（問5）	・探究活動を通して，新たな知識や自分の考えを表現したり，自らの取組や学習方法を振り返って改善策を表現したりすることにより，自己の成長や変容を表現しようとしている。	ワークシート
まとめ	・本時の探究活動を振り返る。		

<ワークシートの課題例>

ある川でメダカの個体数が激減している。そこで，他の川から採集したメダカを放流することを考えた。このことに関して，次の問いに答えなさい。

問１：「メダカの放流」について，「賛成，反対，その他」のどれかを選択し，そのように判断した理由を述べなさい。

問２：「メダカの放流」に関して，次の視点を参考にして，個人で情報を収集し，新たに気付いたことや学んだことをまとめなさい。

　　　　・放流のメリット

　　　　・放流のデメリット

　　　　・放流以外にどのような方法があるか

　　　　・メダカ以外の生物の場合はどうか

問３：グループで話し合い，新たに気付いたことや学んだことをまとめなさい。

問４：問２と問３の探究活動を通して，再度「メダカの放流」について，「賛成，反対，その他」のどれかを選択し，そのように判断した理由を述べなさい。

問５：今回の探究活動で得られた生態系とその保全に関する新たな知識や自分の考えをまとめなさい。また，あなたの取組や学習方法を振り返って改善策を述べなさい。

このワークシートでは，問５の記述分析により，「粘り強い取組を行おうとする側面」と「自らの学習を調整しようとする側面」を一体的に評価する。なお，問１や問４のように，課題に対する内容に関して，賛成や反対など生徒の意見に表れている価値観については観点別学習状況の評価の対象としない。

（5）「主体的に学習に取り組む態度」の評価例

　　ここでは，ワークシートの記述を分析することにより，評価する。

【評価Bの例】

　探究活動を通して，生態系とその保全に関する新たな知識や自分の考えを表現しているが，自らの取組や学習方法を振り返って具体的な改善策を表現していない。このことから，主体的に学習に取り組む態度の観点で「おおむね満足できる」状況（B）と判断できる。

> 地域によってそれぞれの環境に適応した生物がいることや，メダカが絶滅危惧種に指定されていることが分かったので，安易に他の地域に放流してはいけないと考えるようになった。まだまだ，自分にとって知らないことが多いと感じたが，次回は頑張ろうと思う。

【評価Aの例】

　探究活動を通して，生態系とその保全に関する新たな知識や自分の考えを表現するとともに，自らの取組や学習方法を振り返って具体的な改善策を表現しているので，主体的に学習に取り組む態度の観点で「十分満足できる」状況（A）と判断できる。

> メダカなどの生物を放流することは，生態系の保全にプラスに働くと思っていたが，遺伝子の多様性を保全するという面ではマイナスに働くことが分かった。また，グループ活動の話し合いの中で，メダカが減った原因を調査し，生息環境を改善していくべきだという意見を聞いて，自分の考えが深まった。
> グループ活動では，個人で調査をした時に分からなかったことを解決することができたが，自分の考えを上手く表現することができずに周囲の意見に流される形となった。今後のグループ活動では，自分の意見をしっかり主張していこうと思う。

【評価Cの例】

　探究活動を通して，生態系とその保全に関する新たな知識や自分の考えを表現しておらず，自らの取組や学習方法を振り返って具体的な改善策も表現していないので，主体的に学習に取り組む態度の観点で「努力を要する」状況（C）と判断できる。

> メダカを飼育してみたい。今回の探究活動では，情報が多過ぎて何から調べたらいいのか分からなかった。

【「努力を要する」状況と評価した生徒に対する指導の手立て】

　探究活動を通して，新たな知識や自分の考えを表現していない場合は，文献調査やウェブを活用した情報検索ができていないことが考えられるので，それらの具体的な方法を指導しながら支援する。また，「課題に正対しているか」という視点から振り返らせ，新たに得られた知識や自分の考えを表現するように支援する。

　自らの取組や学習方法に対する改善策を表現していない場合は，「自分の学習方法について改善したいことは何か」「他者との対話を進めることができたか」などの視点から振り返らせ，それらに対する改善策を表現するように支援する。

（参考）

　「生命を尊重し，自然環境の保全に寄与する態度」は，観点別評価になじまないものであり，個人内評価等を通じて見取る部分であるため，評価の方法に工夫が必要である。

　例えば，あるテーマについて自分の意見をレポートでまとめさせたり，生徒同士で対話させて意見をまとめて提出させたりする授業を実施することが考えられる。生命を尊重する態度や自然環境の保全に寄与する態度に関して，生徒一人一人のよい点や可能性などを積極的に評価し，生徒に伝えることが重要であると考えられる。

理科　　事例5（地学基礎）

キーワード　指導と評価の計画から評価の総括まで

単元名	内容のまとまり
（7）惑星としての地球	(1)「地球のすがた」

1　単元の目標

(1) 惑星としての地球について，地球の形と大きさ，地球内部の層構造を理解するとともに，それらの観察，実験などに関する技能を身に付けること。

(2) 惑星としての地球について，観察・実験などを通して探究し，惑星としての地球について規則性や関係性を見いだして表現すること。

(3) 惑星としての地球に主体的に関わり，科学的に探究しようとする態度と，自然環境の保全に寄与する態度を養うこと。

2　単元の評価規準

知識・技能	思考・判断・表現	主体的に学習に取り組む態度
惑星としての地球について，地球の形と大きさ，地球内部の層構造の基本的な概念や原理・法則などを理解しているとともに，科学的に探究するために必要な観察，実験などに関する基本操作や記録などの基本的な技能を身に付けている。	惑星としての地球について，観察，実験などを通して探究し，惑星としての地球について，規則性や関係性を見いだして表現している。	惑星としての地球に主体的に関わり，見通しをもったり振り返ったりするなど，科学的に探究しようとしている。

＊「地学基礎」及び「地学」における「主体的に学習に取り組む態度」の留意点について

　「地学基礎」及び「地学」の学習指導要領の目標の「学びに向かう力，人間性等」における，「自然環境の保全に寄与する態度」については，観点別学習状況の評価にはなじまず，個人内評価等を通じて見取る部分であることに留意する必要がある。

3　指導と評価の計画（９時間＋ペーパーテスト）

時間	ねらい・学習活動	重点	記録	備考
1	・地球の概観の探究の歴史として，アリストテレスの仮説に対する根拠について理解する。	知		・アリストテレスが地球を球と考えるに至った根拠について理解している。
2	・エラトステネスが地球の大きさを求めた方法を作図にて理解する。	知	○	・地球の大きさを求める作図や計算方法を理解している。[記述分析]
3 4	・エラトステネスの方法を用いて，地球の大きさを測定する実験を計画し実施する。	思	○	・エラトステネスの方法を用いて，地球の大きさを測定する実験を計画し実施している。[記述分析]
5	・前時の振り返りとして，誤差の原因と精度向上のための改善策について，試行錯誤しながら説明する。	態	○	・前時の振り返りとして，誤差の原因と精度向上のための改善策について，試行錯誤しながら説明しようとしている。[記述分析]
6	・実験の結果などを踏まえ，緯度1°当たりの距離が等しくないことから，地球が球でないことを見いだす。	思		・実験の結果や資料を踏まえ，緯度1°当たりの距離が等しくないことから，地球が球でないことを見いだしている。
7	・地球表面の海陸分布の割合のデータから，地球表面の凹凸の特徴を表現する。	思	○	・地球表面の海陸分布の割合のデータから，地球表面の凹凸の特徴を表現している。[記述分析]
8	・地球の内部を構成する各層の特徴について理解する。	知		・地球の内部を構成する各層の特徴について理解している。
9	・アルキメデスの原理を用いて，岩石の密度を調べる技能を身に付ける。	知	○	・アルキメデスの原理を用いて，岩石の密度を調べる技能を身に付けている。[行動分析，記述分析]
	・ペーパーテスト	知 思	○ ○	・知識を習得，活用している。 ・科学的に探究している。[記述分析]

＊記録の欄に○が付いていない授業においても，教師が生徒の学習状況を把握し，指導の改善に生かすことが重要である。

4　観点別学習状況の評価の進め方　知識・技能

（1）本時（第9時）のねらい

　　第7時（地球表面の海陸分布）や第8時（地球の内部構造)を踏まえ，地球の内部構造について理解を深めるために，地球を構成する岩石を観察し，アルキメデスの原理を用いて岩石の密度を調べる技能を身に付ける。

（2）評価規準

「知識・技能」

　　アルキメデスの原理を用いて，岩石の密度を調べる技能を身に付けている。

（3）評価のポイント

　　岩石の密度（体積）の測定に必要なもの（電子てんびん，水の入ったビーカー，糸）を挙げさせ，測定させる。その際の測定作業の様子を行動観察により評価する。また，ワークシートの記述から測定した密度の数値を見て，正確に測定できたかどうかを評価する。

　　（花崗岩：2.5-2.8 g/cm^3，玄武岩：2.7-3.2 g/cm^3，かんらん岩：2.9-3.3 g/cm^3）

（4）指導と評価の流れ

学習場面	学習活動	学習活動における具体の評価規準	評価方法
導入	・前時までの復習として，地球表面には2種類の地殻が存在することを確認する。		
	課題：地球を構成する岩石（や隕鉄）の密度を調べよう。		
展開	・グループごとに岩石を観察するとともに，密度の測定方法についても議論を重ねる。 ・実際に岩石（や隕鉄）の密度を測定する。 ・算出した結果から，地球の内部構造について考察する。	・アルキメデスの原理を用いて，密度を正しく計測している。 ・算出した結果から，地球の内部構造が密度によって決まっていることを考察している。	行動観察 ワークシート
まとめ	・地球内部が密度による層構造をしていることを確認する。		

第3編
事例5

（5）「知識・技能」の評価例

　ここでは，岩石の密度を求めるために，体積を正しく測ることができるか，測定の様子を行動観察することにより，評価を行う。また，ワークシートの記述を分析することにより，評価を行う。

【評価Bの例】

　密度を求めるためには，体積と質量を測定する必要があることを理解しており，岩石をビーカーに沈ませることで，体積を測定している。質量については，質量計を用いて測定している。しかし，数値の読み取りや計算において誤りがあり，密度を正しく求めることができていない。このことから，知識・技能の観点で「おおむね満足できる」状況（B）と判断できる。

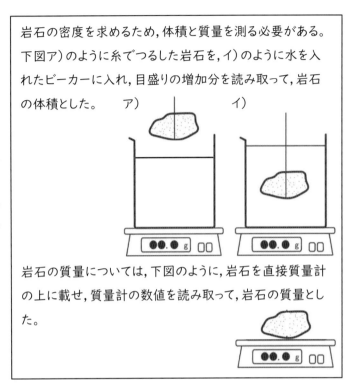

岩石の密度を求めるため，体積と質量を測る必要がある。下図ア）のように糸でつるした岩石を，イ）のように水を入れたビーカーに入れ，目盛りの増加分を読み取って，岩石の体積とした。　　ア）　　　　イ）

岩石の質量については，下図のように，岩石を直接質量計の上に載せ，質量計の数値を読み取って，岩石の質量とした。

【評価Aの例】

　岩石の体積と質量を測定しており，数値の読み取りや計算が正しく行われ，密度を正しく求めている。このことから，知識・技能の観点で「十分満足できる」状況（A）と判断できる。

【評価Cの例】

　岩石の一部を水中に沈ませていなかったり，岩石の体積や質量を測定したりしていないので，岩石の密度を正しく求めていない。このことから，知識・技能の観点で「努力を要する」状況（C）と判断できる。

【「努力を要する」状況と評価した生徒に対する指導の手立て】

　密度が単位体積あたりの質量であるということ，アルキメデスの原理，浮力や力のつりあいについて復習を行い，知識及び技能を身に付けることができるように支援する。さらに，密度の大小により，地球の層構造が決まっていくので，地球の内部構造を考える上では密度は重要な概念であることを確認する。

岩石の密度を求める際に，下図ウ）のようにビーカー内に入れた。

ウ）一部が水面上

5　観点別学習状況の評価の進め方　思考・判断・表現

（1）本時（第3・4時）のねらい

第2時に学んだエラトステネスの方法を用いて，地球の大きさを測定する実験を計画し実施する。

（2）評価規準

「思考・判断・表現」

エラトステネスの方法を用いて，地球の大きさを測定する実験を計画し実施している。

（3）評価のポイント

第2時にエラトステネスが地球の大きさを測定した方法について作図を通して学んでいるため，それを踏まえ，地球の大きさを正確に測定したかを評価する。

＜ワークシートの例＞

> エラトステネスの方法を用いて，地球の大きさを測定するために，どのような考えの下で，どのような工夫をして，実験を行いましたか？

（4）指導と評価の流れ

学習場面	学習活動	学習活動における具体の評価規準	評価方法
導入	・前時までの復習として，エラトステネスの方法について確認する。 　課題：エラトステネスの方法を用いて，地球の大きさを測定するための工夫を考えて，実際にやってみよう。		
展開	・どのような考えの下で実験を行うのか，班で話し合う。 ・校庭に出て，メジャーや携帯電話の座標アプリ，GPS受信機などを用いて，実験を行う。 ・地球の大きさを測定するために工夫したことを，ワークシートに記入する。	・エラトステネスの方法を用いて，地球の大きさを測定する実験を計画し実施している。	ワークシート
まとめ	・学習内容を振り返る。		

（5）「思考・判断・表現」の評価例

ここでは，ワークシートの記述を分析することにより，評価を行う。

【評価Ｂの例】

エラトステネスの方法に基づき，課題解決のために「どのような工夫を行ったか」について記載がある。このことから，思考・判断・表現の観点で「おおむね満足できる」状況（Ｂ）と判断できる。

> メジャーをたるませず，南北に張って，何回か測定を行い，平均値を求めた。

【評価Ａの例】

エラトステネスの方法に基づき，課題解決のために「どのような考えの下で」「どのような工夫を行ったか」について両方の記載がある。このことから，思考・判断・表現の観点で「十分満足できる」状況（Ａ）と判断できる。

> 正確に同じ経線上の円周を測定するために，メジャーをたるませず，南北に張り，経度のずれを少なくした。また，計測値と理論値を比較するために，その場で計算を行い，実験の妥当性を確認しながら実施した。

【評価Ｃの例】

課題解決のために「どのような考えの下で」「どのような工夫を行ったか」について両方ともに記載がないことから，思考・判断・表現の観点で「努力を要する」状況（Ｃ）と判断できる。

> 何をどのように工夫したらよいのか，分からなかった。

【「努力を要する」状況と評価した生徒に対する指導の手立て】

最初に，エラトステネスの方法を復習した上で，実験のねらいを確認したり，これまでの学習内容を想起させたりする。その上で，例えば，エラトステネスの方法を用いて，地球の大きさを測定するための工夫を考えさせたり，他者の考えを基に工夫できるように支援したりすることが考えられる。

6 観点別学習状況の評価の進め方　主体的に学習に取り組む態度

（1）本時（第5時）のねらい

前時の振り返りとして，誤差の原因と精度向上のための改善策について，試行錯誤しながら説明する。

（2）評価規準

「主体的に学習に取り組む態度」

実験の誤差の原因と精度向上のための改善策について，試行錯誤しながら説明しようとしている。

（3）評価のポイント

前時を受けて，実験の精度を向上させるためにどのように方法を改善していくかについて記述させることで，「粘り強い取組を行おうとする側面」と「自らの学習を調整しようとする側面」を評価する。

> ＜振り返りシートの例＞
>
> > 前時の実験の方法や結果を基に，誤差の原因を考えてみよう。また，どのように改善したらよいかを説明し，それについて検証しよう。

（4）指導と評価の流れ

学習場面	学習活動	学習活動における具体の評価規準	評価方法
導入	・前時の復習として，実験の内容について確認する。 課題：実験の方法や結果を振り返り，誤差の原因を考えてみよう。また，どのように改善したらよいかを説明しよう。		
展開	・改善策について班内で議論し，振り返りシートに個別にまとめる。	・誤差の原因と精度向上のための具体的な改善策について提案しようとしている。	振り返りシート
まとめ	・本時の学習内容について振り返る。		

（5）「主体的に学習に取り組む態度」の評価例

　ここでは，振り返りシートの記述を分析することにより，評価を行う。

【評価Bの例】

　誤差の原因を示し，改善策を提案しているので，主体的に学習に取り組む態度の観点で「おおむね満足できる」状況（B）と判断できる。

> メジャーが正しい南北からずれていたので，距離の測定に誤差が生じたのではないかと考えた。そこで，方位磁石で正しい南北を決定してからメジャーで距離を測定するようにすれば改善できると考えられる。

> 実験を1回で終わらせてしまったことが誤差の原因だと考えた。次回は複数回実験を行って，誤差を小さくしたい。

【評価Aの例】

　誤差の原因を示し，改善策を提案するとともに，検証しており，主体的に学習に取り組む態度の観点で「十分満足できる」状況（A）と判断できる。

> 測定した2地点間の距離が小さすぎることが誤差の原因だと考えた。Web上の地図サイトを使ってもっと長い距離で同様に計測したところ，実験よりも誤差を小さくすることができた。この実験において，2地点の測定距離はある程度大きい方が適当だと考えられる。

> 2台のGPSで別々に座標を測定したので，2地点間の緯度差に問題があると考え，Web上の地図サイトでGPSが示した座標を入力して，正しく計測できていたのかを検証した。すると実際に計測した地点からは大きくずれていることが分かった。次回は，同じGPSで2地点の座標を測定した方が良いだろう。

【評価Cの例】

> 誤差の原因や改善策がよく分からなかった。

　誤差の原因についても，改善案についても記述がないことから，主体的に学習に取り組む態度の観点で「努力を要する」状況（C）と判断できる。

【「努力を要する」状況と評価した生徒に対する指導の手立て】

　前時のねらいや実験を理解しているのかを確認し，生徒がまとめてきたレポートや班内での議論の様子を振り返らせる。その上で，誤差の原因がどこにあったのか気付かせるよう支援する。

　このような支援により，疑問をもつことの大切さや，自ら課題を設定し，結果を予想しながら見通しをもって実験を行うこと，課題の解決に向けて話し合うことなどの意義や有用性を実感できるようにしていくことが大切である。

7 観点別学習状況の評価の総括

単元の指導と評価の計画に基づき，評価方法を工夫して行い，観点ごとに総括した事例を紹介する。

時	学習内容	知	思	態	生徒の様子
1	・地球の概観の探究の歴史として，アリストテレスの仮説に対する根拠について理解する。				・アリストテレスが地球を球と考えるに至った根拠について理解した。
2	・エラトステネスが地球の大きさを求めた方法を作図にて理解する。	B			・地球の大きさを求める方法について，作図や計算を通して理解した。
3 4	・エラトステネスの方法を用いて，地球の大きさを測定する実験を計画し実施する。		B		・エラトステネスの方法を用いて，地球の大きさを測定する実験を計画し実施した。
5	・前時の振り返りとして，誤差の原因と精度向上のための改善策について，試行錯誤しながら説明する。			A	・誤差の原因と精度向上のための改善策について，試行錯誤しながら説明しようとした。
6	・緯度 1° 当たりの距離が等しくないことから，地球が球でないことを見いだす。				・緯度 1° 当たりの距離が等しくないことに気付き，地球が球でないことを導き出した。
7	・地球表面の海陸分布の割合のデータから，地球表面の凹凸の特徴を表現する。		A		・地球表面の海陸分布の割合のデータから，地球表面の凹凸の特徴を表現した。
8	・地球の内部を構成する各層の特徴について理解する。				・地球の内部を構成する各層の特徴について理解した。
9	・アルキメデスの原理を用いて，岩石の密度を調べる技能を身に付ける。	A			・アルキメデスの原理を用いて，岩石の密度を調べる技能を身に付けた。
	ペーパーテスト（定期考査等）	A	B		
	単元の総括	A	B	A	

- 「知識・技能」は，第2時と第9時で「技能」を評価し，ペーパーテストで「知識」を評価した。その結果，「ＢＡＡ」となることから，総括して「Ａ」とした。
- 「思考・判断・表現」は，第3・4時，第7時とペーパーテストで評価した。その結果，「ＢＡＢ」となることから，総括して「Ｂ」とした。
- 「主体的に学習に取り組む態度」は，第5時で「Ａ」となることから，総括して「Ａ」とした。

理科　　事例6（地学基礎）

キーワード　「思考・判断・表現」の評価

単元名	内容のまとまり
（イ）地球の環境	(2)「変動する地球」

1　単元の目標

(1)　地球の環境について，地球環境の科学，日本の自然環境を理解するとともに，それらの観察，実験などに関する技能を身に付けること。また，自然環境の保全の重要性について認識すること。

(2)　地球の環境について，観察・実験などを通して探究し，地球の環境について規則性や関係性を見いだして表現すること。

(3)　地球の環境に主体的に関わり，科学的に探究しようとする態度と，自然環境の保全に寄与する態度を養うこと。

2　単元の評価規準

知識・技能	思考・判断・表現	主体的に学習に取り組む態度
地球の環境について，地球環境の科学，日本の自然環境の基本的な概念や原理・法則などを理解しているとともに，科学的に探究するために必要な観察，実験などに関する基本操作や記録などの基本的な技能を身に付けている。	地球の環境について，観察，実験などを通して探究し，地球の環境について，規則性や関係性を見いだして表現している。	地球の環境に主体的に関わり，見通しをもったり振り返ったりするなど，科学的に探究しようとしている。

＊「地学基礎」及び「地学」における「主体的に学習に取り組む態度」の留意点について

　「地学基礎」及び「地学」の学習指導要領の目標の「学びに向かう力，人間性等」における，「自然環境の保全に寄与する態度」については，観点別学習状況の評価にはなじまず，個人内評価等を通じて見取る部分であることに留意する必要がある。

3 指導と評価の計画 （8時間＋ペーパーテスト）

時間	ねらい・学習活動	重点	記録	備考
1	・オゾン層破壊とエルニーニョ現象について，大気や海洋の学習と関連付けて理解する。	知		・オゾン層破壊とエルニーニョ現象について，大気や海洋の学習と関連付けて理解している。
2	・資料に基づき，地球規模の環境が変化していることを理解する。 ・人間の活動が環境に与える影響を理解する。	知	○	・これまでに学んだ知識を活用し，人間生活と地球温暖化を関連付け，地球環境の変化や仕組みを理解している。［記述分析］
3	・資料に基づき，地球温暖化が人間生活に及ぼす影響を考察し，表現する。	思	○	・地球環境の保全について，資料に基づき，地球温暖化が人間生活に及ぼす影響を考察し，表現している。［記述分析］
4	・日本の自然環境の特徴を捉え，その恩恵である多様な景観について理解する。	知		・ジオパークや地理院地図の土地利用図（日本の典型地形）などを調べ，山や川，海などの多様な景観と，それを生み出した日本の自然環境の特徴を理解している。
5	・日本で発生しやすい火山災害や土砂災害，地震・津波災害などの自然災害を理解する。	知		・身近な火山について噴火の歴史や，近年，発生した土砂災害，地震・津波災害を理解している。
6 7	・資料から読み取れることを既習事項と関連付けながら，学校など日常的に活動する場で起こり得る自然災害の特徴を見いだして表現する。 ・班内で発表を行い，探究の成果や情報を共有する。	思	○	・学校など日常的に活動する場で起こり得る自然災害の特徴を見いだして表現している。［記述分析］
8	・前時の探究活動のまとめとして，他者の意見を取り入れ，自己の考えを深化させ，それを振り返りシートにまとめる。	態	○	・他者と意見を共有し合い，学んだ知識を生かして，自らの考えを粘り強く深めようとしている。［記述分析］
	・ペーパーテスト	知 思	○ ○	・知識を習得，活用している。 ・科学的に探究している。［記述分析］

＊記録の欄に○が付いていない授業においても，教師が生徒の学習状況を把握し，指導の改善に生かすことが重要である。

第3編
事例6

4 観点別学習状況の評価の進め方　思考・判断・表現

（1）本時（第6・7時）のねらい

　第5時に日本で発生しやすい自然災害について学んでいる。本時では，資料から読み取れることを既習事項と関連付けながら，学校など日常的に活動する場で起こり得る自然災害の特徴を見いだして表現する。

　発生し得る自然災害は地域によって異なる。この事例では洪水について取り上げている。

（2）評価規準

「思考・判断・表現」

　資料から読み取れることを既習事項と関連付けながら，学校など日常的に活動する場で起こり得る自然災害の特徴を見いだして表現している。

（3）評価のポイント

　資料から読み取れることを既習事項と関連付けながら，学校など日常的に活動する場で起こり得る洪水について，地形的影響，地質的影響，気象的影響，人工物の影響などを見いだしているかを評価する。

（4）指導と評価の流れ

学習場面	学習活動	学習活動における具体の評価規準	評価方法
導入	・過去に発生した洪水の新聞記事と洪水ハザードマップを提示し，学校周辺で発生した被害を知る。 課題：学校付近で洪水が発生しやすい理由を，ハザードマップやその他の必要な資料を基に考察し，説明しよう。		
展開	・検証するためにどのような資料が必要か考え，その要素が掲載されている資料を探し，見通しを立てて調べる。 ・資料から，洪水災害の理由を考察する。 ・班内で発表し，それぞれの考えを共有する。	・資料から読み取れることを既習事項と関連付けながら，自然災害の特徴を見いだして表現している。	ワークシート 行動観察
まとめ	・学習内容を振り返る。		

表1　資料の例

資料名	読み取れる要素の例	関連する自然災害の例
ハザードマップ（ハザードマップポータルサイト） https://disaportal.gsi.go.jp/	各種の自然災害の具体的事象	各種の自然災害
地形図（地理院地図） https://maps.gsi.go.jp/	標高，地形（現在，過去），地名，集落の変遷，土地の使われ方	洪水，台風，突風，土砂災害，火山，地震，津波，液状化現象
地質データ（地質図Navi） https://gbank.gsj.jp/geonavi/	地質，地下構造，断層	土砂災害，火山，地震，津波，液状化現象
気象データ（気象庁　過去の気象データ検索） http://www.data.jma.go.jp/obd/stats/etrn/index.php	天気図，降水量，風向・風速	洪水，台風，突風
水文水質データベース http://www1.river.go.jp/	雨量，水位，流量	洪水，台風

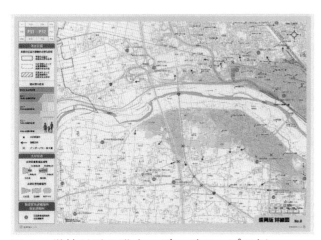

図1　学校付近の洪水ハザードマップの例

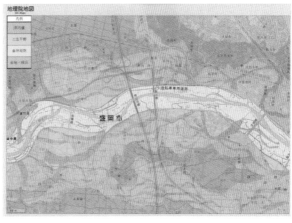

図2　学校付近の土地利用図（地形分類図）の例

図3　学校付近の地理院地図表示の例

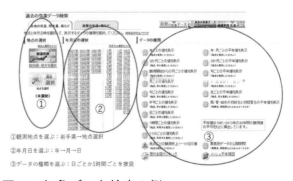

図4　気象データ検索の例

第3編
事例6

（5）「思考・判断・表現」の評価例

　　ここでは，ワークシートの記述を分析することにより，評価を行う。三角点や水準点，標高値，等高線から河川と観測地点の標高差を読み取ったり，河川地形や集水地形を見いだしたりするなどの地形的影響や，地下にある砂や礫などの堆積物から，河川堆積物の可能性を見いだしているなどの地質的影響，洪水時の気象データから降水量を読み取ったり，河川水位観測データから水位の変化を読み取ったりするなどの気象的影響，上流のダムの影響や河川堤防のつながりなどの人工物の影響を見いだし，洪水を引き起こす要因を推察しているなどが考えられる。

【評価Bの例】

　　資料から，地形的影響を見いだして表現しているので，思考・判断・表現の観点で「おおむね満足できる」状況（B）と判断できる。

> 学校付近の標高は120m-130mほどで差が小さく，川の堤防とあまり変わりがない。平地になっているため，川が氾濫したときに浸水しやすい。また，河川からの距離が50m-300mと近いことも洪水が発生しやすい要因の一つである。

【評価Aの例】

　　資料から，地形的影響と気象的影響の複数の影響を見いだして表現しているので，思考・判断・表現の観点で「十分満足できる」状況（A）と判断できる。

> 洪水が発生しやすい場所は，川から500mほどしか距離がなく，土地の高低差も8mほどしかない。つまり，河川に近く土地の高低差が小さいからである。通常，学校付近の降水量は20mm未満，1時間に最高12mmであるのに対し，洪水発生時（2013年8月9日）は降水量が121mm，1時間に最高33mmであったため，急激に河川の水量が増え洪水に至ったと考えられる。

【評価Cの例】

　　資料から，影響を見いだして表現していないので，思考・判断・表現の観点で「努力を要する」状況（C）と判断できる。

> 洪水は，雨が降ることが原因で河川が氾濫することによって起こる。

【「努力を要する」状況と評価した生徒に対する指導の手立て】

　　資料の収集方法や読み取り方を再確認し，必要に応じて個別に指導を行う。

巻末資料

高等学校理科における「内容のまとまりごとの評価規準（例）」

科学と人間生活

(1) 科学技術の発展

知識・技能	思考・判断・表現	主体的に学習に取り組む態度
科学技術の発展が今日の人間生活に対してどのように貢献してきたかについて理解している。	科学技術の発展と人間生活との関わりについて科学的に考察し表現している。	科学技術の発展に主体的に関わり，見通しをもったり振り返ったりするなど，科学的に探究しようとしている。

(2) 人間生活の中の科学

知識・技能	思考・判断・表現	主体的に学習に取り組む態度
光や熱の科学，物質の科学，生命の科学，宇宙や地球の科学と人間生活との関わりについて認識を深めているとともに，それらの観察，実験などに関する技能を身に付けている。	光や熱の科学，物質の科学，生命の科学，宇宙や地球の科学について，問題を見いだし見通しをもって観察，実験などを行い，人間生活と関連付けて，科学的に考察し表現している。	光や熱の科学，物質の科学，生命の科学，宇宙や地球の科学に主体的に関わり，見通しをもったり振り返ったりするなど，科学的に探究しようとしている。

(3) これからの科学と人間生活

知識・技能	思考・判断・表現	主体的に学習に取り組む態度
これからの科学と人間生活との関わり方について認識を深めている。	これからの科学と人間生活との関わり方について科学的に考察し表現している。	これからの科学と人間生活に主体的に関わり，見通しをもったり振り返ったりするなど，科学的に探究しようとしている。

物理基礎

(1)　物体の運動とエネルギー

知識・技能	思考・判断・表現	主体的に学習に取り組む態度
物体の運動とエネルギーを日常生活や社会と関連付けながら，運動の表し方，様々な力とその働き，力学的エネルギーを理解しているとともに，それらの観察，実験などに関する技能を身に付けている。	物体の運動とエネルギーについて，観察，実験など通して探究し，運動の表し方，様々な力とその働き，力学的エネルギーにおける規則性や関係性を見いだして表現している。	物体の運動とエネルギーに主体的に関わり，見通しをもったり振り返ったりするなど，科学的に探究しようとしている。

(2)　様々な物理現象とエネルギーの利用

知識・技能	思考・判断・表現	主体的に学習に取り組む態度
様々な物理現象とエネルギーの利用を日常生活や社会と関連付けながら，波，熱，電気，エネルギーとその利用，物理学が拓く世界を理解しているとともに，それらの観察，実験などに関する技能を身に付けている。	様々な物理現象とエネルギーの利用について，観察，実験など通して探究し，波，熱，電気，エネルギーとその利用における規則性や関係性を見いだして表現している。	様々な物理現象とエネルギーの利用に主体的に関わり，見通しをもったり振り返ったりするなど，科学的に探究しようとしている。

化学基礎

(1) 化学と人間生活

知識・技能	思考・判断・表現	主体的に学習に取り組む態度
化学と人間生活について，化学と物質を理解しているとともに，それらの観察，実験などに関する技能を身に付けている。	身近な物質や元素について，観察，実験などを通して探究し，科学的に考察し，表現している。	化学と人間生活に主体的に関わり，見通しをもったり振り返ったりするなど，科学的に探究しようとしている。

(2) 物質の構成

知識・技能	思考・判断・表現	主体的に学習に取り組む態度
物質の構成粒子を理解している。また，物質と化学結合についての観察，実験などを通して，物質と化学結合を理解しているとともに，それらの観察，実験などに関する技能を身に付けている。	物質の構成について，観察，実験などを通して探究し，物質の構成における規則性や関係性を見いだして表現している。	物質の構成に主体的に関わり，見通しをもったり振り返ったりするなど，科学的に探究しようとしている。

(3) 物質の変化とその利用

知識・技能	思考・判断・表現	主体的に学習に取り組む態度
物質量と化学反応式，化学反応，化学が拓く世界を理解しているとともに，それらの観察，実験などに関する技能を身に付けている。	物質の変化とその利用について，観察，実験などを通して探究し，物質の変化における規則性や関係性を見いだして表現している。	物質の変化とその利用に主体的に関わり，見通しをもったり振り返ったりするなど，科学的に探究しようとしている。

巻末
資料

生物基礎

(1) 生物の特徴

知識・技能	思考・判断・表現	主体的に学習に取り組む態度
生物の特徴について，その特徴，遺伝子とその働きを理解しているとともに，それらの観察，実験などに関する技能を身に付けている。	生物の特徴について，観察，実験などを通して探究し，多様な生物がもつ共通の特徴を見いだして表現している。	生物の特徴に主体的に関わり，見通しをもったり振り返ったりするなど，科学的に探究しようとしている。

(2) ヒトの体の調節

知識・技能	思考・判断・表現	主体的に学習に取り組む態度
ヒトの体の調節について，神経系と内分泌系による調節，免疫を理解しているとともに，それらの観察，実験などに関する技能を身に付けている。	ヒトの体の調節について，観察，実験などを通して探究し，神経系と内分泌系による調節及び免疫などの特徴を見いだして表現している。	ヒトの体の調節に主体的に関わり，見通しをもったり振り返ったりするなど，科学的に探究しようとしている。

(3) 生物の多様性と生態系

知識・技能	思考・判断・表現	主体的に学習に取り組む態度
生物の多様性と生態系について，植生と遷移，生態系とその保全を理解しているとともに，それらの観察，実験などに関する技能を身に付けている。また，生態系の保全の重要性について認識している。	生物の多様性と生態系について，観察，実験などを通して探究し，生態系における，生物の多様性及び生物と環境との関係性を見いだして表現している。	生物の多様性と生態系に主体的に関わり，見通しをもったり振り返ったりするなど，科学的に探究しようとしている。

地学基礎

(1) 地球のすがた

知識・技能	思考・判断・表現	主体的に学習に取り組む態度
地球のすがたについて，惑星としての地球，活動する地球，大気と海洋を理解しているとともに，それらの観察，実験などに関する技能を身に付けている。	地球のすがたについて，観察，実験などを通して探究し，惑星としての地球，活動する地球，大気と海洋について，規則性や関係性を見いだして表現している。	地球のすがたに主体的に関わり，見通しをもったり振り返ったりするなど，科学的に探究しようとしている。

(2) 変動する地球

知識・技能	思考・判断・表現	主体的に学習に取り組む態度
変動する地球について，宇宙や太陽系の誕生から今日までの一連の時間の中で捉えながら，地球の変遷，地球の環境を理解しているとともに，それらの観察，実験などに関する技能を身に付けている。また，自然環境の保全の重要性について認識している。	変動する地球について，観察，実験などを通して探究し，地球の変遷，地球の環境について，規則性や関係性を見いだして表現している。	変動する地球に主体的に関わり，見通しをもったり振り返ったりするなど，科学的に探究しようとしている。

巻末
資料

高等学校理科における「単元（中項目）ごとの評価規準（例）」

科学と人間生活

(1) 科学技術の発展 の評価規準の例

知識・技能	思考・判断・表現	主体的に学習に取り組む態度
科学技術の発展が今日の人間生活に対してどのように貢献してきたかについて理解している。	科学技術の発展と人間生活との関わりについて科学的に考察し表現している。	科学技術の発展に主体的に関わり，見通しをもったり振り返ったりするなど，科学的に探究しようとしている。

(2)ア(ｱ) 光や熱の科学 の評価規準の例

知識・技能	思考・判断・表現	主体的に学習に取り組む態度
光や熱の科学を日常生活と関連付けて，光の性質とその利用（または，熱の性質とその利用）についての基本的な概念や原理・法則などを理解しているとともに，科学的に探究するために必要な観察，実験などに関する基本操作や記録などの基本的な技能を身に付けている。	光や熱の科学について，問題を見いだし見通しをもって観察，実験などを行い，人間生活と関連付けて，科学的に考察し表現している。	光や熱の科学に主体的に関わり，見通しをもったり振り返ったりするなど，科学的に探究しようとしている。

(2)ア(ｲ) 物質の科学 の評価規準の例

知識・技能	思考・判断・表現	主体的に学習に取り組む態度
物質の科学を日常生活と関連付けて，材料とその再利用（または，衣料と食品）についての基本的な概念や原理・法則などを理解しているとともに，科学的に探究するために必要な観察，実験などに関する基本操作や記録などの基本的な技能を身に付けている。	物質の科学について，問題を見いだし見通しをもって観察，実験などを行い，人間生活と関連付けて，科学的に考察し表現している。	物質の科学に主体的に関わり，見通しをもったり振り返ったりするなど，科学的に探究しようとしている。

(2)ア(ウ) 生命の科学 の評価規準の例

知識・技能	思考・判断・表現	主体的に学習に取り組む態度
生命の科学を人間生活と関連付けて，ヒトの生命現象（または，微生物とその利用）についての基本的な概念や原理・法則などを理解しているとともに，科学的に探究するために必要な観察，実験などに関する基本操作や記録などの基本的な技能を身に付けている。	生命の科学について，問題を見いだし見通しをもって観察，実験などを行い，人間生活と関連付けて，科学的に考察し表現している。	生命の科学に主体的に関わり，見通しをもったり振り返ったりするなど，科学的に探究しようとしている。

(2)ア(エ) 宇宙や地球の科学 の評価規準の例

知識・技能	思考・判断・表現	主体的に学習に取り組む態度
宇宙や地球の科学を人間生活と関連付けて，太陽と地球（または，自然景観と自然災害）についての基本的な概念や原理・法則などを理解しているとともに，科学的に探究するために必要な観察，実験などに関する基本操作や記録などの基本的な技能を身に付けている。	宇宙や地球の科学について，問題を見いだし見通しをもって観察，実験などを行い，人間生活と関連付けて，科学的に考察し表現している。	宇宙や地球の科学に主体的に関わり，見通しをもったり返ったりするなど，科学的に探究しようとしている。

(3) これからの科学と人間生活 の評価規準の例

知識・技能	思考・判断・表現	主体的に学習に取り組む態度
これからの科学と人間生活との関わり方について理解している。	これからの科学と人間生活との関わり方について科学的に考察し表現している。	これからの科学と人間生活に主体的に関わり，見通しをもったり振り返ったりするなど，科学的に探究しようとしている。

巻末
資料

物理基礎

(1)ア(ア) 運動の表し方 の評価規準の例

知識・技能	思考・判断・表現	主体的に学習に取り組む態度
運動の表し方を日常生活や社会と関連付けながら，物理量の測定と扱い方，運動の表し方，直線運動の加速度についての基本的な概念や原理・法則などを理解しているとともに，科学的に探究するために必要な観察，実験などに関する基本操作や記録などの基本的な技能を身に付けている。	運動の表し方について，観察，実験など通して探究し，運動の表し方における規則性や関係性を見いだして表現している。	運動の表し方に主体的に関わり，見通しをもったり振り返ったりするなど，科学的に探究しようとしている。

(1)ア(イ) 様々な力とその働き の評価規準の例

知識・技能	思考・判断・表現	主体的に学習に取り組む態度
様々な力とその働きを日常生活や社会と関連付けながら，様々な力，力のつり合い，運動の法則，物体の落下運動についての基本的な概念や原理・法則などを理解しているとともに，科学的に探究するために必要な観察，実験などに関する基本操作や記録などの基本的な技能を身に付けている。	様々な力とその働きについて，観察，実験など通して探究し，様々な力とその働きにおける規則性や関係性を見いだして表現している。	様々な力とその働きに主体的に関わり，見通しをもったり振り返ったりするなど，科学的に探究しようとしている。

(1)ア(ウ) 力学的エネルギー の評価規準の例

知識・技能	思考・判断・表現	主体的に学習に取り組む態度
力学的エネルギーを日常生活や社会と関連付けながら，運動エネルギーと位置エネルギー，力学的エネルギーの保存についての基本的な概念や原理・法則などを理解しているとともに，科学的に探究するために必要な観察，実験などに関する基本操作や記録などの基本的な技能を身に付けている。	力学的エネルギーについて，観察，実験など通して探究し，力学的エネルギーにおける規則性や関係性を見いだして表現している。	力学的エネルギーに主体的に関わり，見通しをもったり振り返ったりするなど，科学的に探究しようとしている。

(2)ア(ア) 波 の評価規準の例

知識・技能	思考・判断・表現	主体的に学習に取り組む態度
波を日常生活や社会と関連付けながら，波の性質，音と振動についての基本的な概念や原理・法則などを理解しているとともに，科学的に探究するために必要な観察，実験などに関する基本操作や記録などの基本的な技能を身に付けている。	波について，観察，実験など通して探究し，波における規則性や関係性を見いだして表現している。	波に主体的に関わり，見通しをもったり振り返ったりするなど，科学的に探究しようとしている。

(2)ア(イ) 熱 の評価規準の例

知識・技能	思考・判断・表現	主体的に学習に取り組む態度
熱を日常生活や社会と関連付けながら，熱と温度，熱の利用についての基本的な概念や原理・法則などを理解しているとともに，科学的に探究するために必要な観察，実験などに関する基本操作や記録などの基本的な技能を身に付けている。	熱について，観察，実験など通して探究し，熱における規則性や関係性を見いだして表現している。	熱に主体的に関わり，見通しをもったり振り返ったりするなど，科学的に探究しようとしている。

巻末
資料

(2)ア(ウ) 電気 の評価規準の例

知識・技能	思考・判断・表現	主体的に学習に取り組む態度
電気を日常生活や社会と関連付けながら，物質と電気抵抗，電気の利用についての基本的な概念や原理・法則などを理解しているとともに，科学的に探究するために必要な観察，実験などに関する基本操作や記録などの基本的な技能を身に付けている。	電気について，観察，実験など通して探究し，電気における規則性や関係性を見いだして表現している。	電気に主体的に関わり，見通しをもったり振り返ったりするなど，科学的に探究しようとしている。

(2)ア(エ) エネルギーとその利用 の評価規準の例

知識・技能	思考・判断・表現	主体的に学習に取り組む態度
エネルギーとその利用を日常生活や社会と関連付けながら，エネルギーとその利用についての基本的な概念や原理・法則などを理解しているとともに，科学的に探究するために必要な観察，実験などに関する基本操作や記録などの基本的な技能を身に付けている。	エネルギーとその利用について，観察，実験など通して探究し，エネルギーとその利用における規則性や関係性を見いだして表現している。	エネルギーとその利用に主体的に関わり，見通しをもったり振り返ったりするなど，科学的に探究しようとしている。

(2)ア(オ) 物理学が拓く世界 の評価規準の例

知識・技能	思考・判断・表現	主体的に学習に取り組む態度
日常生活や社会と関連付けながら，物理学が拓く世界についての基本的な概念や原理・法則などを理解しているとともに，科学的に探究するために必要な観察，実験などに関する基本操作や記録などの基本的な技能を身に付けている。	物理学が拓く世界について，観察，実験など通して探究し，この科目で学んだ事柄が科学技術と結びついていることを表現している。	物理学が拓く世界に主体的に関わり，見通しをもったり振り返ったりするなど，科学的に探究しようとしている。

巻末資料

化学基礎

(1) ア (ア) 化学と物質 の評価規準の例

知識・技能	思考・判断・表現	主体的に学習に取り組む態度
化学と物質について,化学の特徴,物質の分離・精製,単体と化合物,熱運動と物質の三態の基本的な概念や原理・法則などを理解しているとともに,科学的に探究するために必要な観察,実験などに関する基本操作や記録などの基本的な技能を身に付けている。	化学と物質について,観察,実験などを通して探究し,科学的に考察し,表現している。	化学と物質に主体的に関わり,見通しをもったり振り返ったりするなど,科学的に探究しようとしている。

(2) ア (ア) 物質の構成粒子 の評価規準の例

知識・技能	思考・判断・表現	主体的に学習に取り組む態度
物質の構成粒子について,原子の構造,電子配置と周期表の基本的な概念や原理・法則などを理解している。	物質の構成粒子について,規則性や関係性を見いだして表現している。	物質の構成粒子に主体的に関わり,見通しをもったり振り返ったりするなど,科学的に探究しようとしている。

(2) ア (イ) 物質と化学結合 の評価規準の例

知識・技能	思考・判断・表現	主体的に学習に取り組む態度
物質と化学結合について,イオンとイオン結合,分子と共有結合,金属と金属結合の基本的な概念や原理・法則などを理解しているとともに,科学的に探究するために必要な観察,実験などに関する基本操作や記録などの基本的な技能を身に付けている。	物質と化学結合について,観察,実験などを通して探究し,物質と化学結合における規則性や関係性を見いだして表現している。	物質と化学結合に主体的に関わり,見通しをもったり振り返ったりするなど,科学的に探究しようとしている。

巻末
資料

(3)ア(ア) 物質量と化学反応式 の評価規準の例

知識・技能	思考・判断・表現	主体的に学習に取り組む態度
物質量と化学反応式について，物質量，化学反応式の基本的な概念や原理・法則などを理解しているとともに，科学的に探究するために必要な観察，実験などに関する基本操作や記録などの基本的な技能を身に付けている。	物質量と化学反応式について，観察，実験などを通して探究し，物質の変化における規則性や関係性を見いだして表現している。	物質量と化学反応式に主体的に関わり，見通しをもったり振り返ったりするなど，科学的に探究しようとしている。

(3)ア(イ) 化学反応 の評価規準の例

知識・技能	思考・判断・表現	主体的に学習に取り組む態度
化学反応について，酸・塩基と中和，酸化と還元の基本的な概念や原理・法則などを理解しているとともに，科学的に探究するために必要な観察，実験などに関する基本操作や記録などの基本的な技能を身に付けている。	化学反応について，観察，実験などを通して探究し，物質の変化における規則性や関係性を見いだして表現している。	化学反応に主体的に関わり，見通しをもったり振り返ったりするなど，科学的に探究しようとしている。

(3)ア(ウ) 化学が拓く世界 の評価規準の例

知識・技能	思考・判断・表現	主体的に学習に取り組む態度
化学が拓く世界についての基本的な概念や原理・法則などを理解しているとともに，科学的に探究するために必要な観察，実験などに関する基本操作や記録などの基本的な技能を身に付けている。	化学が拓く世界について，観察，実験などを通して探究し，この科目で学んだ事柄が科学技術と結びついていることを表現している。	化学が拓く世界に主体的に関わり，見通しをもったり振り返ったりするなど，科学的に探究しようとしている。

巻末
資料

生物基礎

(1) ア (ア)　生物の特徴　の評価規準の例

知識・技能	思考・判断・表現	主体的に学習に取り組む態度
生物の特徴について，生物の共通性と多様性，生物とエネルギーの基本的な概念や原理・法則などを理解しているとともに，科学的に探究するために必要な観察，実験などに関する基本操作や記録などの基本的な技能を身に付けている。	生物の特徴について，観察，実験などを通して探究し，多様な生物がもつ共通の特徴を見いだして表現している。	生物の特徴に主体的に関わり，見通しをもったり振り返ったりするなど，科学的に探究しようとしている。

(1) ア (イ)　遺伝子とその働き　の評価規準の例

知識・技能	思考・判断・表現	主体的に学習に取り組む態度
遺伝子とその働きについて，遺伝情報とDNA，遺伝情報とタンパク質の合成の基本的な概念や原理・法則などを理解しているとともに，科学的に探究するために必要な観察，実験などに関する基本操作や記録などの基本的な技能を身に付けている。	遺伝子とその働きについて，観察，実験などを通して探究し，遺伝子とその働きの特徴を見いだして表現している。	遺伝子とその働きに主体的に関わり，見通しをもったり振り返ったりするなど，科学的に探究しようとしている。

(2) ア (ア)　神経系と内分泌系による調節　の評価規準の例

知識・技能	思考・判断・表現	主体的に学習に取り組む態度
神経系と内分泌系による調節について，情報の伝達，体内環境の維持の仕組みの基本的な概念や原理・法則などを理解しているとともに，科学的に探究するために必要な観察，実験などに関する基本操作や記録などの基本的な技能を身に付けている。	神経系と内分泌系による調節について，観察，実験などを通して探究し，神経系と内分泌系による調節の特徴を見いだして表現している。	神経系と内分泌系による調節に主体的に関わり，見通しをもったり振り返ったりするなど，科学的に探究しようとしている。

(2) ア(イ) 免疫 の評価規準の例

知識・技能	思考・判断・表現	主体的に学習に取り組む態度
免疫について，基本的な概念や原理・法則などを理解しているとともに，科学的に探究するために必要な観察，実験などに関する基本操作や記録などの基本的な技能を身に付けている。	免疫について，観察，実験などを通して探究し，免疫の働きの特徴を見いだして表現している。	免疫に主体的に関わり，見通しをもったり振り返ったりするなど，科学的に探究しようとしている。

(3) ア(ア) 植生と遷移 の評価規準の例

知識・技能	思考・判断・表現	主体的に学習に取り組む態度
植生と遷移について，基本的な概念や原理・法則などを理解しているとともに，科学的に探究するために必要な観察，実験などに関する基本操作や記録などの基本的な技能を身に付けている。	植生と遷移について，観察，実験などを通して探究し，植生と環境との関係性を見いだして表現している。	植生と遷移に主体的に関わり，見通しをもったり振り返ったりするなど，科学的に探究しようとしている。

(3) ア(イ) 生態系とその保全 の評価規準の例

知識・技能	思考・判断・表現	主体的に学習に取り組む態度
生態系とその保全について，生態系と生物の多様性，生態系のバランスと保全の基本的な概念や原理・法則などを理解しているとともに，科学的に探究するために必要な観察，実験などに関する基本操作や記録などの基本的な技能を身に付けている。	生態系とその保全について，観察，実験などを通して探究し，生態系における，生物の多様性及び生物と環境との関係性を見いだして表現している。	生態系とその保全に主体的に関わり，見通しをもったり振り返ったりするなど，科学的に探究しようとしている。

巻末
資料

地学基礎

(1)ア(ア) 惑星としての地球 の評価規準の例

知識・技能	思考・判断・表現	主体的に学習に取り組む態度
惑星としての地球について，地球の形と大きさ，地球内部の層構造の基本的な概念や原理・法則などを理解しているとともに，科学的に探究するために必要な観察，実験などに関する基本操作や記録などの基本的な技能を身に付けている。	惑星としての地球について，観察，実験などを通して探究し，惑星としての地球について，規則性や関係性を見いだして表現している。	惑星としての地球に主体的に関わり，見通しをもったり振り返ったりするなど，科学的に探究しようとしている。

(1)ア(イ) 活動する地球 の評価規準の例

知識・技能	思考・判断・表現	主体的に学習に取り組む態度
活動する地球について，プレートの運動，火山活動と地震の基本的な概念や原理・法則などを理解しているとともに，科学的に探究するために必要な観察，実験などに関する基本操作や記録などの基本的な技能を身に付けている。	活動する地球について，観察，実験などを通して探究し，活動する地球について，規則性や関係性を見いだして表現している。	活動する地球に主体的に関わり，見通しをもったり振り返ったりするなど，科学的に探究しようとしている。

(1)ア(ウ) 大気と海洋 の評価規準の例

知識・技能	思考・判断・表現	主体的に学習に取り組む態度
大気と海洋について，地球の熱収支，大気と海水の運動の基本的な概念や原理・法則などを理解しているとともに，科学的に探究するために必要な観察，実験などに関する基本操作や記録などの基本的な技能を身に付けている。	大気と海洋について，観察，実験などを通して探究し，大気と海洋について，規則性や関係性を見いだして表現している。	大気と海洋に主体的に関わり，見通しをもったり振り返ったりするなど，科学的に探究しようとしている。

(2)ア(ア) 地球の変遷 の評価規準の例

知識・技能	思考・判断・表現	主体的に学習に取り組む態度
地球の変遷について，宇宙，太陽系と地球の誕生，古生物の変遷と地球環境の基本的な概念や原理・法則などを理解しているとともに，科学的に探究するために必要な観察，実験などに関する基本操作や記録などの基本的な技能を身に付けている。	地球の変遷について，観察，実験などを通して探究し，地球の変遷について，規則性や関係性を見いだして表現している。	地球の変遷に主体的に関わり，見通しをもったり振り返ったりするなど，科学的に探究しようとしている。

(2)ア(イ) 地球の環境 の評価規準の例

知識・技能	思考・判断・表現	主体的に学習に取り組む態度
地球の環境について，地球環境の科学，日本の自然環境の基本的な概念や原理・法則などを理解しているとともに，科学的に探究するために必要な観察，実験などに関する基本操作や記録などの基本的な技能を身に付けている。	地球の環境について，観察，実験などを通して探究し，地球の環境について，規則性や関係性を見いだして表現している。	地球の環境に主体的に関わり，見通しをもったり振り返ったりするなど，科学的に探究しようとしている。

評価規準，評価方法等の工夫改善に関する調査研究について

令和 2 年 4 月 13 日　国立教育政策研究所長裁定
令和 2 年 6 月 25 日　一　　部　　改　　正

1　趣　旨

　学習評価については，中央教育審議会初等中等教育分科会教育課程部会において「児童生徒の学習評価の在り方について」（平成31年1月21日）の報告がまとめられ，新しい学習指導要領に対応した，各教科等の評価の観点及び評価の観点に関する考え方が示されたところである。

　これを踏まえ，各小学校，中学校及び高等学校における児童生徒の学習の効果的，効率的な評価に資するため，教科等ごとに，評価規準，評価方法等の工夫改善に関する調査研究を行う。

2　調査研究事項

（1）評価規準及び当該規準を用いた評価方法に関する参考資料の作成

（2）学校における学習評価に関する取組についての情報収集

（3）上記（1）及び（2）に関連する事項

3　実施方法

　調査研究に当たっては，教科等ごとに教育委員会関係者，教師及び学識経験者等を協力者として委嘱し，2の事項について調査研究を行う。

4　庶　務

　この調査研究にかかる庶務は，教育課程研究センターにおいて処理する。

巻末
資料

5　実施期間

　令和2年5月1日〜令和3年3月31日

　令和3年4月16日〜令和4年3月31日

評価規準，評価方法等の工夫改善に関する調査研究協力者（五十音順）

（職名は令和3年4月現在）

（物理）

今和泉卓也	筑波大学附属駒場中・高等学校教諭	
岩瀬英二郎	栃木県立宇都宮商業高等学校教頭	
梶谷　秀継	大分県立大分上野丘高等学校指導教諭	
清原　洋一	秀明大学教授	
齋藤　孝通	茨城県立土浦第一高等学校教諭	

（化学）

飯田　寛志	静岡県立天竜高等学校長	
後藤　顕一	東洋大学教授	
鮫島　朋美	東京学芸大学附属国際中等教育学校教諭	
神　　孝幸	青森県立青森南高等学校教諭	（令和3年3月31日まで）

（生物）

大野　智久	三田国際学園中学校・高等学校教諭	
林　　尚美	沖縄県立総合教育センター主任研究主事	
堀口　人士	北海道帯広三条高等学校教諭	
森田　保久	埼玉県立所沢高等学校教諭	

（地学）

小野寺弘幸	盛岡市立高等学校教諭	
齋藤　洋輔	東京学芸大学附属高等学校教諭	
田邉　浩明	千葉県立長生高等学校教諭	
西田　尚央	東京学芸大学准教授	

国立教育政策研究所においては，次の関係官が担当した。

遠山　一郎	国立教育政策研究所教育課程研究センター研究開発部教育課程調査官	
野内　頼一	国立教育政策研究所教育課程研究センター研究開発部教育課程調査官	
藤枝　秀樹	国立教育政策研究所教育課程研究センター研究開発部教育課程調査官	
三次　德二	国立教育政策研究所教育課程研究センター研究開発部教育課程調査官	
神　　孝幸	国立教育政策研究所教育課程研究センター研究開発部学力調査官	（令和3年4月1日から）

この他，本書編集の全般にわたり，国立教育政策研究所において以下の者が担当した。

鈴木　敏之　　国立教育政策研究所教育課程研究センター長
（令和2年7月1日から）
笹井　弘之　　国立教育政策研究所教育課程研究センター長
（令和2年6月30日まで）
杉江　達也　　国立教育政策研究所教育課程研究センター研究開発部副部長
（令和3年4月1日から）
清水　正樹　　国立教育政策研究所教育課程研究センター研究開発部副部長
（令和3年3月31日まで）
新井　敬二　　国立教育政策研究所教育課程研究センター研究開発部研究開発課長
（令和3年4月1日から令和3年7月31日まで）
岩城由紀子　　国立教育政策研究所教育課程研究センター研究開発部研究開発課長
（令和3年3月31日まで）
間宮　弘介　　国立教育政策研究所教育課程研究センター研究開発部研究開発課指導係長
奥田　正幸　　国立教育政策研究所教育課程研究センター研究開発部研究開発課指導係専門職
（令和3年3月31日まで）
髙辻　正明　　国立教育政策研究所教育課程研究センター研究開発部教育課程特別調査員
前山　大樹　　国立教育政策研究所教育課程研究センター研究開発部教育課程特別調査員
（令和3年4月1日から）

巻末
資料

学習指導要領等関係資料について

　学習指導要領等の関係資料は以下のとおりです。いずれも，文部科学省や国立教育政策研究所のウェブサイトから閲覧が可能です。スマートフォンなどで閲覧する際は，以下の二次元コードを読み取って，資料に直接アクセスすることが可能です。本書と併せて是非御覧ください。

① 学習指導要領，学習指導要領解説　等
② 中央教育審議会答申「幼稚園，小学校，中学校，高等学校及び特別支援学校の学習指導要領等の改善及び必要な方策等について」（平成 28 年 12 月 21 日）
③ 中央教育審議会初等中等教育分科会教育課程部会報告「児童生徒の学習評価の在り方について」（平成 31 年 1 月 21 日）
④ 小学校，中学校，高等学校及び特別支援学校等における児童生徒の学習評価及び指導要録の改善等について（平成 31 年 3 月 29 日 30 文科初第 1845 号初等中等教育局長通知）
　　　　　　※各教科等の評価の観点等及びその趣旨や指導要録（参考様式）は，同通知に掲載。
⑤ 学習評価の在り方ハンドブック（小・中学校編）（令和元年 6 月）
⑥ 学習評価の在り方ハンドブック（高等学校編）（令和元年 6 月）
⑦ 平成 29 年改訂の小・中学校学習指導要領に関する Q&A
⑧ 平成 30 年改訂の高等学校学習指導要領に関する Q&A
⑨ 平成 29・30 年改訂の学習指導要領下における学習評価に関する Q&A

① ② ③
④ ⑤ ⑥
⑦ ⑧ ⑨

巻末
資料

学習評価の
在り方
ハンドブック

高等学校編

文部科学省　国立教育政策研究所教育課程研究センター

学習指導要領

学習指導要領とは, 国が定めた「教育課程の基準」です。
（学校教育法施行規則第52条, 74条,84条及び129条等より）

■学習指導要領の構成
〈高等学校の例〉

前文　第1章　総則
　　　第2章　各学科に共通する各教科
　　　　第1節　国語
　　　　第2節　地理歴史
　　　　第3節　公民
　　　　第4節　数学
　　　　第5節　理科
　　　　第6節　保健体育
　　　　第7節　芸術
　　　　第8節　外国語
　　　　第9節　家庭
　　　　第10節　情報
　　　　第11節　理数
　　　第3章　主として専門学科において
　　　　　　　開設される各教科
　　　　第1節　農業
　　　　第2節　工業
　　　　第3節　商業
　　　　第4節　水産
　　　　第5節　家庭
　　　　第6節　看護
　　　　第7節　情報
　　　　第8節　福祉
　　　　第9節　理数
　　　　第10節　体育
　　　　第11節　音楽
　　　　第12節　美術
　　　　第13節　英語
　　　第4章　総合的な探究の時間
　　　第5章　特別活動

総則は, 以下の項目で整理され, 全ての教科等に共通する事項が記載されています。
- 第1款　高等学校教育の基本と教育課程の役割
- 第2款　教育課程の編成
- 第3款　教育課程の実施と学習評価
- 第4款　単位の修得及び卒業の認定
- 第5款　生徒の発達の支援
- 第6款　学校運営上の留意事項
- 第7款　道徳教育に関する配慮事項

> 学習評価の実施に当たっての配慮事項

各教科等の目標, 内容等が記載されています。

（例）第1節　国語
- 第1款　目標
- 第2款　各科目
- 第3款　各科目にわたる指導計画の作成と内容の取扱い

　平成30年改訂学習指導要領の各教科等の目標や内容は, 教育課程全体を通して育成を目指す資質・能力の三つの柱に基づいて再整理されています。

ア　何を理解しているか, 何ができるか
　　（生きて働く「知識・技能」の習得）
　　※職業に関する教科については, 「知識・技術」

イ　理解していること・できることをどう使うか（未知の状況にも対応できる「思考力・判断力・表現力等」の育成）

ウ　どのように社会・世界と関わり, よりよい人生を送るか
　　（学びを人生や社会に生かそうとする「学びに向かう力・人間性等」の涵養）

平成30年改訂「高等学校学習指導要領」より

詳しくは, 文部科学省Webページ「学習指導要領のくわしい内容」をご覧ください。
(http://www.mext.go.jp/a_menu/shotou/new-cs/1383986.htm)

学習指導要領解説

　学習指導要領解説とは,大綱的な基準である学習指導要領の記述の意味や解釈などの詳細について説明するために,文部科学省が作成したものです。

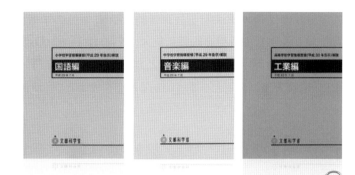

■学習指導要領解説の構成
〈高等学校 国語編の例〉

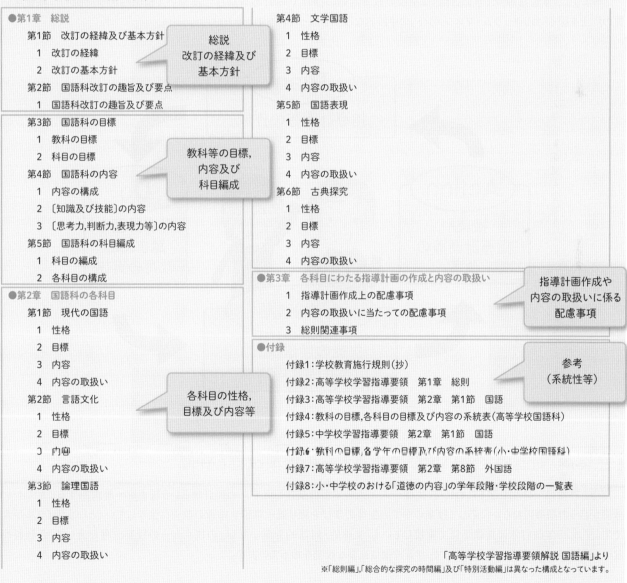

●第1章　総説

第1節　改訂の経緯及び基本方針

　1　改訂の経緯

　2　改訂の基本方針

第2節　国語科改訂の趣旨及び要点

　1　国語科改訂の趣旨及び要点

第3節　国語科の目標

　1　教科の目標

　2　科目の目標

第4節　国語科の内容

　1　内容の構成

　2　〔知識及び技能〕の内容

　3　〔思考力,判断力,表現力等〕の内容

第5節　国語科の科目編成

　1　科目の編成

　2　各科目の構成

●第2章　国語科の各科目

第1節　現代の国語

　1　性格

　2　目標

　3　内容

　4　内容の取扱い

第2節　言語文化

　1　性格

　2　目標

　3　内容

　4　内容の取扱い

第3節　論理国語

　1　性格

　2　目標

　3　内容

　4　内容の取扱い

第4節　文学国語

　1　性格

　2　目標

　3　内容

　4　内容の取扱い

第5節　国語表現

　1　性格

　2　目標

　3　内容

　4　内容の取扱い

第6節　古典探究

　1　性格

　2　目標

　3　内容

　4　内容の取扱い

●第3章　各科目にわたる指導計画の作成と内容の取扱い

　1　指導計画作成上の配慮事項

　2　内容の取扱いに当たっての配慮事項

　3　総則関連事項

●付録

付録1：学校教育施行規則(抄)

付録2：高等学校学習指導要領　第1章　総則

付録3：高等学校学習指導要領　第2章　第1節　国語

付録4：教科の目標,各科目の目標及び内容の系統表(高等学校国語科)

付録5：中学校学習指導要領　第2章　第1節　国語

付録6：教科の目標,各学年の目標及び内容の系統表(小・中学校国語科)

付録7：高等学校学習指導要領　第2章　第8節　外国語

付録8：小・中学校のおける「道徳の内容」の学年段階・学校段階の一覧表

（吹き出し）総説
改訂の経緯及び
基本方針

（吹き出し）教科等の目標,
内容及び
科目編成

（吹き出し）各科目の性格,
目標及び内容等

（吹き出し）指導計画作成や
内容の取扱いに係る
配慮事項

（吹き出し）参考
（系統性等）

「高等学校学習指導要領解説 国語編」より

※「総則編」,「総合的な探究の時間編」及び「特別活動編」は異なった構成となっています。

➡ 教師は,学習指導要領で定めた資質・能力が,生徒に確実に育成されているかを評価します

学習評価の基本的な考え方

　学習評価は，学校における教育活動に関し，生徒の学習状況を評価するものです。「生徒にどういった力が身に付いたか」という学習の成果を的確に捉え，**教師が指導の改善を図る**とともに，**生徒自身が自らの学習を振り返って次の学習に向かうことができるようにする**ためにも，学習評価の在り方は重要であり，教育課程や学習・指導方法の改善と一貫性のある取組を進めることが求められます。

▌カリキュラム・マネジメントの一環としての指導と評価

　各学校は，日々の授業の下で生徒の学習状況を評価し，その結果を生徒の学習や教師による指導の改善や学校全体としての教育課程の改善，校務分掌を含めた組織運営等の改善に生かす中で，学校全体として組織的かつ計画的に教育活動の質の向上を図っています。

　このように，「学習指導」と「学習評価」は学校の教育活動の根幹であり，教育課程に基づいて組織的かつ計画的に教育活動の質の向上を図る「カリキュラム・マネジメント」の中核的な役割を担っています。

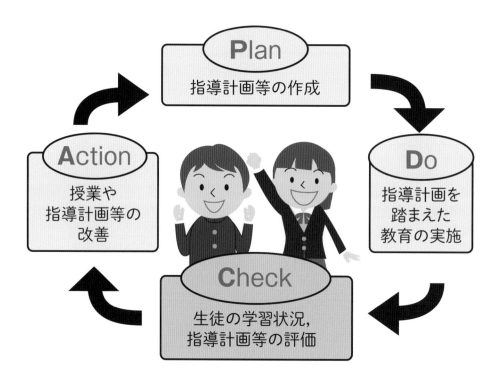

▌主体的・対話的で深い学びの視点からの授業改善と評価

　指導と評価の一体化を図るためには，生徒一人一人の学習の成立を促すための評価という視点を一層重視することによって，教師が自らの指導のねらいに応じて授業の中での生徒の学びを振り返り，学習や指導の改善に生かしていくというサイクルが大切です。平成30年改訂学習指導要領で重視している「主体的・対話的で深い学び」の視点からの授業改善を通して，各教科等における資質・能力を確実に育成する上で，学習評価は重要な役割を担っています。

次の授業では
〇〇を重点的に
指導しよう。

〇〇のところは
もっと〜した方が
よいですね。

- ☑ 教師の指導改善に
  つながるものにしていくこと

- ☑ 生徒の学習改善に
  つながるものにしていくこと

- ☑ これまで慣行として行われてきたことでも，
  必要性・妥当性が認められないものは
  見直していくこと

詳しくは，平成31年3月29日文部科学省初等中等教育局長通知「小学校,中学校,高等学校及び特別支援学校等における児童生徒の学習評価及び指導要録の改善等について（通知）」をご覧ください。
(http://www.mext.go.jp/b_menu/hakusho/nc/1415169.htm)

コラム　評価に戸惑う生徒の声

「先生によって観点の重みが違うんです。授業態度をとても重視する先生もいるし，テストだけで判断するという先生もいます。そうすると，どう努力していけばよいのか本当に分かりにくいんです。」（中央教育審議会初等中等教育分科会教育課程部会 児童生徒の学習評価に関するワーキンググループ第7回における高等学校3年生の意見より）

あくまでこれは一部の意見ですが，学習評価に対する生徒のこうした意見には，適切な評価を求める切実な思いが込められています。そのような生徒の声に応えるためにも，教師は，生徒への学習状況のフィードバックや，授業改善に生かすという評価の機能を一層充実させる必要があります。教師と生徒が共に納得する学習評価を行うためには，評価規準を適切に設定し，評価の規準や方法について，教師と生徒及び保護者で共通理解を図るガイダンス的な機能と，生徒の自己評価と教師の評価を結び付けていくカウンセリング的な機能を充実させていくことが重要です。

Column

学習評価の基本構造

　平成30年改訂で,学習指導要領の目標及び内容が資質・能力の三つの柱で再整理されたことを踏まえ,各教科における観点別学習状況の評価の観点については,「知識・技能」,「思考・判断・表現」,「主体的に学習に取り組む態度」の3観点に整理されています。

「学びに向かう力,人間性等」には
① 「主体的に学習に取り組む態度」として観点別評価(学習状況を分析的に捉える)を通じて見取ることができる部分と,
② 観点別評価や評定にはなじまず,こうした評価では示しきれないことから個人内評価を通じて見取る部分があります。

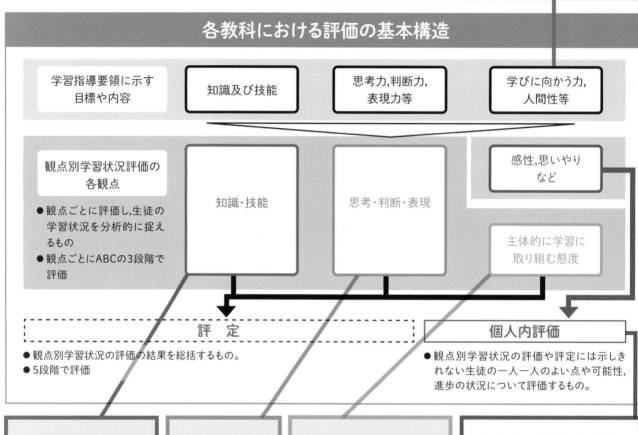

各教科における評価の基本構造

| 学習指導要領に示す目標や内容 | 知識及び技能 | 思考力,判断力,表現力等 | 学びに向かう力,人間性等 |

観点別学習状況評価の各観点
- 観点ごとに評価し,生徒の学習状況を分析的に捉えるもの
- 観点ごとにABCの3段階で評価

知識・技能 / 思考・判断・表現 / 感性,思いやりなど / 主体的に学習に取り組む態度

評定
- 観点別学習状況の評価の結果を総括するもの。
- 5段階で評価

個人内評価
- 観点別学習状況の評価や評定には示しきれない生徒の一人一人のよい点や可能性,進歩の状況について評価するもの。

　各教科等における学習の過程を通した知識及び技能の習得状況について評価を行うとともに,それらを既有の知識及び技能と関連付けたり活用したりする中で,他の学習や生活の場面でも活用できる程度に概念等を理解したり,技能を習得したりしているかを評価します。

　各教科等の知識及び技能を活用して課題を解決する等のために必要な思考力,判断力,表現力等を身に付けているかどうかを評価します。

　知識及び技能を獲得したり,思考力,判断力,表現力等を身に付けたりするために,自らの学習状況を把握し,学習の進め方について試行錯誤するなど自らの学習を調整しながら,学ぼうとしているかどうかという意思的な側面を評価します。

　個人内評価の対象となるものについては,生徒が学習したことの意義や価値を実感できるよう,日々の教育活動等の中で生徒に伝えることが重要です。特に,「学びに向かう力,人間性等」のうち「感性や思いやり」など生徒一人一人のよい点や可能性,進歩の状況などを積極的に評価し生徒に伝えることが重要です。

　詳しくは,平成31年1月21日文部科学省中央教育審議会初等中等教育分科会教育課程部会「児童生徒の学習評価の在り方について(報告)」をご覧ください。
(http://www.mext.go.jp/b_menu/shingi/chukyo/chukyo3/004/gaiyou/1412933.htm)

総合的な探究の時間及び特別活動の評価について

総合的な探究の時間, 特別活動についても, 学習指導要領等で示したそれぞれの目標や特質に応じ, 適切に評価します。

総合的な探究の時間

　総合的な探究の時間の評価の観点については, 学習指導要領に示す「第1 目標」を踏まえ, 各学校において具体的に定めた目標, 内容に基づいて, 以下を参考に定めることとしています。

知識・技能	思考・判断・表現	主体的に学習に取り組む態度
探究の過程において, 課題の発見と解決に必要な知識及び技能を身に付け, 課題に関わる概念を形成し, 探究の意義や価値を理解している。	実社会や実生活と自己との関わりから問いを見いだし, 自分で課題を立て, 情報を集め, 整理・分析して, まとめ・表現している。	探究に主体的・協働的に取り組もうとしているとともに, 互いのよさを生かしながら, 新たな価値を創造し, よりよい社会を実現しようとしている。

この3つの観点に則して生徒の学習状況を見取ります。

特別活動

　従前, 高等学校等における特別活動において行った生徒の活動の状況については, 主な事実及び所見を文章で記述することとされてきたところ, 文章記述を改め, 各学校が設定した観点を記入した上で, 活動・学校行事ごとに, 評価の観点に照らして十分満足できる活動の状況にあると判断される場合に, ○印を記入することとしています。

　評価の観点については, 特別活動の特質と学校の創意工夫を生かすということから, 設置者ではなく, 各学校が評価の観点を定めることとしています。その際, 学習指導要領等に示す特別活動の目標や学校として重点化した内容を踏まえ, 例えば以下のように, 具体的に観点を示すことが考えられます。

特別活動の記録						
内容	観点　　　　　　　　　　　　　　　　学年	1	2	3	4
ホームルーム活動	よりよい生活や社会を構築するための知識・技能	○		○	
生徒会活動	集団や社会の形成者としての思考・判断・表現		○		
学校行事	主体的に生活や社会, 人間関係をよりよく構築しようとする態度		○	○	

高等学校生徒指導要録(参考様式)様式2の記入例　(3年生の例)

> 　各学校で定めた観点を記入した上で, 内容ごとに, 十分満足できる状況にあると判断される場合に, ○印を記入します。
> 　○印をつけた具体的な活動の状況等については, 「総合所見及び指導上参考となる諸事項」の欄に簡潔に記述することで, 評価の根拠を記録に残すことができます。

　なお, 特別活動は, ホームルーム担任以外の教師が指導することも多いことから, 評価体制を確立し, 共通理解を図って, 生徒のよさや可能性を多面的・総合的に評価するとともに, 指導の改善に生かすことが求められます。

観点別学習状況の評価について

　観点別学習状況の評価とは, 学習指導要領に示す目標に照らして, その実現状況がどのようなものであるかを, 観点ごとに評価し, 生徒の学習状況を分析的に捉えるものです。

▌「知識・技能」の評価の方法

　「知識・技能」の評価の考え方は, 従前の評価の観点である「知識・理解」,「技能」においても重視してきたところです。具体的な評価方法としては, 例えばペーパーテストにおいて, 事実的な知識の習得を問う問題と, 知識の概念的な理解を問う問題とのバランスに配慮するなどの工夫改善を図る等が考えられます。また, 生徒が文章による説明をしたり, 各教科等の内容の特質に応じて, 観察・実験をしたり, 式やグラフで表現したりするなど実際に知識や技能を用いる場面を設けるなど, 多様な方法を適切に取り入れていくこと等も考えられます。

▌「思考・判断・表現」の評価の方法

　「思考・判断・表現」の評価の考え方は, 従前の評価の観点である「思考・判断・表現」においても重視してきたところです。具体的な評価方法としては, ペーパーテストのみならず, 論述やレポートの作成, 発表, グループでの話合い, 作品の制作や表現等の多様な活動を取り入れたり, それらを集めたポートフォリオを活用したりするなど評価方法を工夫することが考えられます。

▌「主体的に学習に取り組む態度」の評価の方法

　具体的な評価方法としては, ノートやレポート等における記述, 授業中の発言, 教師による行動観察や, 生徒による自己評価や相互評価等の状況を教師が評価を行う際に考慮する材料の一つとして用いることなどが考えられます。その際, 各教科等の特質に応じて, 生徒の発達の段階や一人一人の個性を十分に考慮しながら,「知識・技能」や「思考・判断・表現」の観点の状況を踏まえた上で, 評価を行う必要があります。

「主体的に学習に取り組む態度」の評価のイメージ

○「主体的に学習に取り組む態度」の評価については,①知識及び技能を獲得したり,思考力,判断力,表現力等を身に付けたりすることに向けた粘り強い取組を行おうとする側面と,②①の粘り強い取組を行う中で,自らの学習を調整しようとする側面,という二つの側面から評価することが求められる。

○これら①②の姿は実際の教科等の学びの中では別々ではなく相互に関わり合いながら立ち現れるものと考えられる。例えば,自らの学習を全く調整しようとせず粘り強く取り組み続ける姿や,粘り強さが全くない中で自らの学習を調整する姿は一般的ではない。

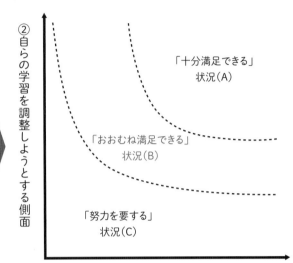

② 自らの学習を調整しようとする側面

「十分満足できる」状況(A)

「おおむね満足できる」状況(B)

「努力を要する」状況(C)

① 粘り強い取組を行おうとする側面

　ここでの評価は,その学習の調整が「適切に行われるか」を必ずしも判断するものではなく,学習の調整が知識及び技能の習得などに結びついていない場合には,教師が学習の進め方を適切に指導することが求められます。

「自らの学習を調整しようとする側面」とは…

　自らの学習状況を把握し,学習の進め方について試行錯誤するなどの意思的な側面のことです。評価に当たっては,生徒が自らの理解の状況を振り返ることができるような発問の工夫をしたり,自らの考えを記述したり話し合ったりする場面,他者との協働を通じて自らの考えを相対化する場面を,単元や題材などの内容のまとまりの中で設けたりするなど,「主体的・対話的で深い学び」の視点からの授業改善を図る中で,適切に評価できるようにしていくことが重要です。

コラム

「主体的に学習に取り組む態度」は,「関心・意欲・態度」と同じ趣旨ですが…
〜こんなことで評価をしていませんでしたか?〜

　平成31年1月21日文部科学省中央教育審議会初等中等教育分科会教育課程部会「児童生徒の学習評価の在り方について(報告)」では,学習評価について指摘されている課題として,「関心・意欲・態度」の観点について「学校や教師の状況によっては,挙手の回数や毎時間ノートを取っているかなど,性格や行動面の傾向が一時的に表出された場面を捉える評価であるような誤解が払拭し切れていない」ということが指摘されました。これを受け,従来から重視されてきた各教科等の学習内容に関心をもつことのみならず,よりよく学ぼうとする意欲をもって学習に取り組む態度を評価するという趣旨が改めて強調されました。

Column

学習評価の充実

学習評価の妥当性, 信頼性を高める工夫の例

- 評価規準や評価方法について,事前に教師同士で検討するなどして明確にすること,評価に関する実践事例を蓄積し共有していくこと,評価結果についての検討を通じて評価に係る教師の力量の向上を図ることなど,学校として組織的かつ計画的に取り組む。
- 学校が生徒や保護者に対し,評価に関する仕組みについて事前に説明したり,評価結果についてより丁寧に説明したりするなど,評価に関する情報をより積極的に提供し生徒や保護者の理解を図る。

評価時期の工夫の例

- 日々の授業の中では生徒の学習状況を把握して指導に生かすことに重点を置きつつ,各教科における「知識・技能」及び「思考・判断・表現」の評価の記録については,原則として単元や題材などのまとまりごとに,それぞれの実現状況が把握できる段階で評価を行う。
- 学習指導要領に定められた各教科等の目標や内容の特質に照らして,複数の単元や題材などにわたって長期的な視点で評価することを可能とする。

学年や学校間の円滑な接続を図る工夫の例

- 「キャリア・パスポート」を活用し,生徒の学びをつなげることができるようにする。
- 入学者選抜の方針や選抜方法の組合せ,調査書の利用方法,学力検査の内容等について見直しを図る。
- 大学入学者選抜において用いられる調査書を見直す際には,観点別学習状況の評価について記載する。
- 大学入学者選抜については,高等学校における指導の在り方の本質的な改善を促し,また,大学教育の質的転換を大きく加速し,高等学校教育・大学教育を通じた改革の好循環をもたらすものとなるような改革を進めることが考えられる。

▌評価方法の工夫の例

高校生のための学びの基礎診断の認定ツールを活用した例

　高校生のための学びの基礎診断とは，高校段階における生徒の基礎学力の定着度合いを測定する民間の試験等を文部科学省が一定の要件に適合するものとして認定する仕組みで，平成30年度から制度がスタートしています。学習指導要領を踏まえた出題の基本方針に基づく問題設計や，主として思考力・判断力・表現力等を問う問題の出題等が認定基準となっています。受検結果等から，生徒の課題等を把握し，自らの指導や評価の改善につなげることも考えられます。

　詳しくは，文部科学省Webページ「高校生のための学びの基礎診断」をご覧ください。
（http://www.mext.go.jp/a_menu/shotou/kaikaku/1393878.htm）

コラム　　評価の方法の共有で働き方改革

　ペーパーテスト等のみにとらわれず，一人一人の学びに着目して評価をすることは，教師の負担が増えることのように感じられるかもしれません。しかし，生徒の学習評価は教育活動の根幹であり，「カリキュラム・マネジメント」の中核的な役割を担っています。その際，助けとなるのは，教師間の協働と共有です。

　評価の方法やそのためのツールについての悩みを一人で抱えることなく，学校全体や他校との連携の中で，計画や評価ツールの作成を分担するなど，これまで以上に協働と共有を進めれば，教師一人当たりの量的・時間的・精神的な負担の軽減につながります。風通しのよい評価体制を教師間で作っていくことで，評価方法の工夫改善と働き方改革にもつながります。

「指導と評価の一体化の取組状況」

A: 学習評価を通じて，学習評価のあり方を見直すことや個に応じた指導の充実を図るなど，指導と評価の一体化に学校全体で取り組んでいる。

B: 指導と評価の一体化の取組は，教師個人に任されている。

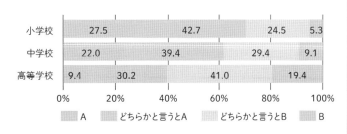

	A	どちらかと言うとA	どちらかと言うとB	B
小学校	27.5	42.7	24.5	5.3
中学校	22.0	39.4	29.4	9.1
高等学校	9.4	30.2	41.0	19.4

（平成29年度文部科学省委託調査「学習指導と学習評価に対する意識調査」より）

Column

Q&A －先生方の質問にお答えします－

Q1 1回の授業で, 3つの観点全てを評価しなければならないのですか。

A. 学習評価については, 日々の授業の中で生徒の学習状況を適宜把握して指導の改善に生かすことに重点を置くことが重要です。したがって観点別学習状況の評価の記録に用いる評価については, 毎回の授業ではなく原則として単元や題材などの内容や時間のまとまりごとに, それぞれの実現状況を把握できる段階で行うなど, その場面を精選することが重要です。

Q2 「十分満足できる」状況(A)はどのように判断したらよいのですか。

A. 各教科において「十分満足できる」状況(A)と判断するのは, 評価規準に照らし, 生徒が実現している学習の状況が質的な高まりや深まりをもっていると判断される場合です。「十分満足できる」状況(A)と判断できる生徒の姿は多様に想定されるので, 学年会や教科部会等で情報を共有することが重要です。

Q3 高等学校における観点別評価の在り方で、留意すべきことは何ですか?

A. これまでも, 高等学校における学習評価では, 生徒一人一人に対して観点別評価と生徒へのフィードバックが行われてきましたが, 指導要録の参考様式に観点別学習状況の記載欄がなかったこともあり, 指導要録に観点別学習状況を記録している高等学校は13.3%にとどまっていました(平成29年度文部科学省委託調査「学習指導と学習評価に対する意識調査」より)。平成31年3月29日文部科学省初等中等教育局長通知「小学校,中学校,高等学校及び特別支援学校等における児童生徒の学習評価及び指導要録の改善等について(通知)」における観点別学習状況の評価に係る説明が充実したことと指導要録の参考様式に記載欄が設けられたことを踏まえ, 高等学校では観点別学習状況の評価を更に充実し, その質を高めることが求められます。

Q4 評定以外の学習評価についても保護者の理解を得るには どのようにすればよいのでしょうか。

A. 保護者説明会等において, 学習評価に関する説明を行うことが効果的です。各教科等における成果や課題を明らかにする「観点別学習状況の評価」と, 教育課程全体を見渡した学習状況を把握することが可能な「評定」について, それぞれの利点や, 上級学校への入学者選抜に係る調査書のねらいや活用状況を明らかにすることは, 保護者との共通理解の下で生徒への指導を行っていくことにつながります。

Q5 障害のある生徒の学習評価について、どのようなことに配慮すべきですか。

A. 学習評価に関する基本的な考え方は, 障害のある生徒の学習評価についても変わるものではありません。このため, 障害のある生徒については, 特別支援学校等の助言または援助を活用しつつ, 個々の生徒の障害の状態等に応じた指導内容や指導方法の工夫を行い, その評価を適切に行うことが必要です。また, 指導要録の通級による指導に関して記載すべき事項が個別の指導計画に記載されている場合には, その写しをもって指導要録への記入に替えることも可能としました。

文部科学省
国立教育政策研究所
National Institute for Educational Policy Research

令和元年6月
文部科学省　国立教育政策研究所教育課程研究センター
〒100-8951 東京都千代田区霞が関3丁目2番2号　TEL 03-6733-6833(代表)

「指導と評価の一体化」のための
学習評価に関する参考資料
【高等学校　理科】

令和 3 年 11 月 12 日　　　　初版発行

著作権所有　　　　　国立教育政策研究所
　　　　　　　　　　教育課程研究センター

発 行 者　　　　　東京都文京区本駒込 5 丁目 16 番 7 号
　　　　　　　　　　株式会社　東洋館出版社
　　　　　　　　　　代表者　錦織　圭之介

印 刷 者　　　　　大阪市住之江区中加賀屋 4 丁目 2 番 10 号
　　　　　　　　　　岩岡印刷株式会社

発 行 所　　　　　東京都文京区本駒込 5 丁目 16 番 7 号
　　　　　　　　　　株式会社　東洋館出版社
　　　　　　　　　　電話　03-3823-9206

ISBN978-4-491-04704-1　　　　定価：本体 1,650 円
　　　　　　　　　　　　　　　　　（税込 1,815 円）税 10%